MAL-TRAVAIL

Le choix des élites

François Ruffin

MAL-TRAVAIL

Le choix des élites

Éditions Les Liens qui Libèrent

ISBN : 979-10-209-2413-1

« La Révolution a fait du Français un roi dans la cité et l'a laissé serf dans l'entreprise. »

Jean Jaurès.

« Quant au bonheur établi, domestique ou non… non, je ne peux pas. Je suis trop dissipé, trop faible. La vie fleurit par le travail, vieille vérité : moi, ma vie n'est pas assez pesante, elle s'envole et flotte loin au-dessus de l'action, ce cher point du monde. »

Arthur Rimbaud.

DETTES À *QUE SAIT-ON DU TRAVAIL ?*

Ce livre fait suite à notre rapport parlementaire, rendu à l'automne 2023, portant sur la branche Accident du Travail – Maladies professionnelles de la Sécurité sociale.

Nous nous appuyons, cela va de soi dans notre cas, d'abord et avant tout, sur les témoignages des travailleurs eux-mêmes. Puis, bien sûr, sur des auditions de syndicats, d'associations, d'institutions, entendus à l'Assemblée nationale.

Mais quant à l'analyse, quant à notre socle scientifique, beaucoup repose sur le livre *Que sait-on du travail?*, une somme parue aux Presses de Sciences Po au mois d'octobre dernier, rassemblant les contributions de soixante chercheurs, sociologues, économistes du travail. Que notre dette intellectuelle soit ici signalée, que les auteurs en soient remerciés, et en particulier le «chef d'orchestre», Bruno Palier: nous citons largement leurs articles, et sans note en bas de page.

J'en profite pour remercier mon équipe parlementaire, les bénévoles qui m'ont produit des notes thématiques, et en particulier, Lou Plaza, en charge de ma documentation qui a coordonné les recherches. Et enfin, mes éditeurs, Nicolas Deschamps et Henri Trubert des Liens qui Libèrent, toujours très ouverts à mes propositions. Et qui acceptent de travailler dans l'urgence... que critique cet ouvrage!

INTRODUCTION

LE NOUVEAU PACTE

« J'ai entendu dans les manifestations une opposition à la réforme des retraites, mais aussi une volonté de retrouver du sens dans son travail, d'en améliorer les conditions, d'avoir des carrières qui permettent de progresser dans la vie. Ce nouveau pacte de la vie au travail sera construit dans les semaines et les mois qui viennent. »

C'est le président de la République en personne, Emmanuel Macron, qui le promettait lors d'une allocution officielle, tenue depuis l'Élysée, le lundi 17 avril 2023 : bien vivre son travail deviendrait une priorité de son mandat, avec notamment ce « nouveau pacte de la vie au travail ».

Alors ministre du Budget, Gabriel Attal se disait à son tour fort préoccupé par « le bien-être au travail ». Bruno Le Maire, ministre de l'Économie, comprenait

« la colère des Français qui se questionnent sur la finalité de leur travail ». Et à l'entrée de l'été, avant les vacances, le mercredi 12 juillet, la Première ministre Élisabeth Borne se faisait solennelle : « Le gouvernement et les partenaires sociaux s'engagent à bâtir un nouveau pacte de la vie au travail. »

Des semaines, des mois, se sont écoulés.

La rentrée est passée.

Arrivent l'automne et les budgets, bouclés avec force 49.3.

L'hiver et la loi immigration, vite bâclée.

Mais où en sont les promesses, les engagements sur le travail ? Se traduisent-ils en un projet de loi ? Nous ne voyons rien, absolument rien venir.

Peut-être sommes-nous de piètres observateurs, mal-informés. Aussi, lors de nos auditions, en octobre, nous avons interrogé nos interlocuteurs : comment se passent les discussions autour de ce « pacte » ? Côté CGT : « Nous n'avons pas eu de nouvelles ». La CFDT se fait plus mesurée : « Les choses nécessitent sans doute que l'agenda social se mette en place. » À la CFE-CGC, « je ne sais pas trop de quoi on est en train de parler. » À la CFTC, « on n'a pas d'information à ce sujet. » Pour FO, « on ne sait pas quand il va commencer ni ce qu'il va y avoir dedans. »

Sans doute les syndicats patronaux sont-ils davantage dans le secret des dieux ministériels ? Pas vraiment : « Eh bien, en toute franchise, nous ne savons rien. Dans l'intervalle, après cette annonce, nous avons découvert la convocation à une conférence sur les bas salaires. J'imagine qu'un sujet a cannibalisé l'autre. »

Ce « nouveau pacte », les plus hautes autorités du pays l'avaient pourtant promis. Et de fait, il serait plus que nécessaire, urgent.

*

« C'est la première fois que je sors, en 33 ans d'hôpital. »

Ce jeudi 19 janvier 2023, jour de grève contre la retraite à 64 ans, j'ai choisi de rester en Picardie, loin de Paris. Il n'y aura pas les micros, pas les caméras, mais je vais faire le plein de voix, de vies, de visages. Ça va me donner du courage, m'en emplir, avant les semaines à Paris, les batailles d'amendements en commission, à l'Assemblée, les tournées sur les plateaux télé, tous ces lieux de pouvoir, symboliques, où le concret s'éloigne, disparaît, derrière les propos fumeux, abstraits, des maquillés, des poudrés. Je viendrai avec la force du réel. Il est 5 h 30 du matin, donc, sur le rond-point à l'entrée de l'autoroute A16. De sa lampe de poche, un monsieur à chasuble FO de chez Valeo balaie la voie, pour inviter les voitures, les camions à ralentir, à prendre le tract pour la manif. Et sa lueur éclaire mon cahier, pour que je gribouille des notes dans mon cahier.

C'est sa femme, elle, « aide-soignante au service traumatologie ». Pas en pleine forme, déjà : « Je souffre de polyarthrologie. Je travaille sous morphine.

– À cause de votre métier ?

– Bah oui, à force de porter. Deux ans de plus, c'est pas possible… Ils se rendent compte ? » Mais aujourd'hui, elle vient pour autre chose, au-delà d'elle, au-delà de la retraite : « C'est le ras-le-bol : ils nous poussent à bout, ils détruisent l'hôpital. On ne parle plus de soin, mais d'"acte". À la limite, ma cadre, que le patient soit lavé ou pas lavé, elle s'en fiche… »

Voilà de quoi on va me parler, durant cette journée et les suivantes : moins de la retraite que du travail. Des douleurs, oui, du corps, mais du sens aussi, de son ab-sens.

Et son mari ? « Chez Valeo, j'ai commencé par cinq ans d'intérim, mais haché, avec du chômage entre les missions. Je suis sur les embrayages de camion, mais le pire, c'est que Macron, il a éliminé de la pénibilité le port des charges lourdes. Qu'il vienne se trimbaler les embrayages de camion ! Du coup, entre ces deux réformes, je prends trois années de plus. Jusque 65 ans. »

Au rond-point de Boves, un ouvrier chez Plastic Omnium : « J'ai 59 ans, je devais partir à 60, au 1er juillet 2024, après 37 ans de nuit. C'est calculé, vous savez, une carrière en poste, de nuit, c'est huit années d'espérance de vie en moins. Et là, Macron m'en rajoute deux. Je vais devoir me traîner jusqu'à 62 ans.»

Au rond-point de Poulainville, les Goodyear-Dunlop, les Auchan-Logistique, s'épanchent sur une «épidémie d'inaptitudes». Que confirme un chauffeur de car: «Dans mon entreprise, avant, la première cause de départ, c'étaient les départs à la retraite. Aujourd'hui, ce sont les licenciements pour inaptitude.»

Avec mon collab, Dimitri, on se tâte: est-ce qu'on pousse jusqu'à Bonduelle, où la production est arrêtée? C'est tout à l'est du département, pas du tout ma circo, une députée RN élue, et ensuite, on doit être à 10 h à Abbeville, tout à l'ouest... On va bouffer du carburant... Mais oui, allez, c'est parti: quand les ouvriers se bougent, on doit en être, pour encourager.

Mon père a longtemps travaillé ici, comme cadre. Est-ce que c'est pour ça? La direction de l'usine et les syndicats m'avaient invité à une remise de médailles du travail, là-bas, cet automne. À la cantine, je distribuais des bouquets de fleurs ou des boîtes de chocolat. Les gars, les femmes, avaient quarante ans dans la boîte, des carrières rectilignes comme on n'en connaît plus. 'Y avait un petit discours, d'un collègue, d'un chef, à chaque fois, avec la petite anecdote moqueuse, gentiment, et aussi, des noms de machines, de programmes, de procédures, que j'ignorais, dont je demandais la description, et je comprenais encore moins, mais tant mieux : ça signifiait que c'est un univers, des métiers, avec des codes, qui réclament des compétences, des savoir-faire. Trinquant avec eux, après la cérémonie, je les questionnais sur leur corps au travail (les épaules qui tirent, surtout le matin, les caisses qu'on transporte, le froid dans la congélation), sur leurs joies de la retraite (les petits-enfants le mercredi, l'adjoint aux fêtes du village, le club de foot pour les gamins).

Aujourd'hui, ils sont une centaine, je dirais, devant l'entrée, à se réchauffer à un feu de palettes. Sébastien, de la CGT, nous accueille d'un café. Je traîne dans les rangs. « Ils feraient mieux de mettre les feignants au boulot, hein, pas vrai, Monsieur Ruffin ? 'Y en a marre de ces assistés. » Ça y est, c'est reparti pour mon topo sur les assistés d'en haut, les gros qui se gavent de milliards, mais eux on ne les voit pas, etc. « Ouais, et nous on est coincés entre deux ! »

Sébastien vient me tirer par la manche : « 'Y a un gars qui a connu ton père… » C'est un grand bonhomme, souriant, dans son gilet jaune. « Vous travaillez ici depuis longtemps, alors ? je tâtonne.

– Ah non, moi, j'étais saisonnier. Mais votre père, même s'il était chef, il disait toujours bien bonjour, avec un petit mot, humain. Maintenant, c'est fini. Les chefs, ils ne vous regardent pas.

– Vous ne bossez plus ici ?

– Non, je suis dans l'entretien des cimetières militaires. Je fais grève, avec mes deux collègues, et comme on n'allait pas rester dans notre coin, on a rejoint ici…

– Vous aussi, vous les sentez passer, les deux ans ?

– Eh oui. On est déjà abîmés, 'faut pas croire, moi c'est le dos. On est dehors dans le froid, la pluie, la chaleur. Et surtout, les tondeuses, c'est des vibrations. Les taille-haies, toute la journée, c'est des vibrations…

– Ça fait partie des critères de pénibilité que Macron a virés, les vibrations.

– Oui, je sais. »

Les cimetières militaires, c'est le symbole de notre coin, « le front de la Somme », des milliers de Chinois, Australiens, Anglais, Allemands évidemment, qui sont venus se faire tuer ici, la Terre entière qui se donne rendez-vous pour un massacre, pour ces arpents de notre terre, des fois on ne comprend pas. Mais que les gars des cimetières militaires se mettent en grève, aujourd'hui, c'est la marque, pour moi, d'un appui populaire, que la bataille qui s'engage s'ancre très profond, bien au-delà de la couche des militants, des syndiqués.

Abbeville va me le confirmer.

Sur la place du théâtre, c'est noir de monde comme jamais. Les dames des cantines. Des éducatrices, des monitrices, de foyers pour handicapés. Des maçons qui claudiquent. Un artisan carrossier, venu avec son fiston et un apprenti. Des Gilets jaunes aouh aouh.

Je laisse passer le cortège devant moi.

Dix-sept minutes.

Dix-sept minutes de défilé.

2 460 manifestants, Hubert a compté.

2 460 à Abbeville, sous-préfecture de la Somme, 23 000 habitants.

2 460 ici, et des millions en France, qui viennent pour la retraite, mais qui disent autre chose aussi : un immense « j'ai mal à mon travail ».

*

Les Français aiment leur travail, en sont fiers, construisent leur identité autour. Mais ils n'aiment pas comment on leur fait faire leur travail, comment on l'organise, comment on le pressurise. D'où un découragement, presque au sens propre : ils n'ont plus le cœur à l'ouvrage.

Et ce n'est pas qu'un ressenti : dans les comparaisons internationales, comme on le verra, nos entreprises sont à la traîne, en bas de tableau, quant à la qualité du travail. Les travailleurs s'y usent, physiquement, psychiquement, plus vite qu'ailleurs. Et plus vite qu'hier : les indicateurs se dégradent. À cause du temps, notamment, du temps resserré, contraint, étouffant. À cause, également, de l'organisation, qui demeure pyramidale, verticale : comme si le taylorisme ne suffisait pas, le *lean management* y fait des dégâts.

Pourquoi chez nous plus que chez nos voisins ? Parce que, depuis les années 1980, dans la mondialisation, nos dirigeants économiques et politiques ont fait un choix : celui d'un « *low cost* à la française ». Depuis quarante ans, le travail n'est pas traité comme une richesse, comme un investissement : il est maltraité, juste un coût à diminuer. Voilà le pacte, le véritable pacte, mis en œuvre par les élites, mais c'est un pacte *contre* le travail. Comme l'écrit Bruno Palier, directeur de recherche au CNRS : « Les stratégies du *low cost* ont intensifié et abîmé le travail ».

Ce mal-travail n'est pas tombé du ciel, ou sorti du sol, ce n'est pas un fléau naturel. Non, ce mal-travail relève de « stratégies » voulues, pensées, organisées. Et qui rapportent gros, très gros.

C'est d'abord le mal-travail au loin.

« "*Fabless*", le PDG d'Alcatel, Serge Tchuruk, avait inventé ça, se souvient un industriel : la firme sans usine, sans fabrication, sans ouvrier. Et ça me stupéfiait : il était considéré par les journalistes, par les ministres, par Bercy, comme un génie. Parce que c'était au fond un rêve qu'eux partageaient tous : se débarrasser du travail, des travailleurs. » Ce fut un grand saccage : Alcatel, Alstom, Arcelor, rien que pour les A, et je pourrais ajouter chez moi Goodyear,

Whirlpool, Magnetti-Marelli, Honeywell, Parisot-Sièges de France, Delsey, Yoplait, Flodor, Abélia, etc. Textile, automobiles, machines à laver, télés, pneumatiques, électronique, métallurgie, pharmacie ne se sont pas *envolés* vers l'Asie ou la Roumanie : il y a fallu une volonté, mille volontés, de nos élites, pour qui l'industrie était « *has been* », salissante, polluante, archaïque, du passé. Ce furent les « *rounds* » et les milliers de pages des Accords du GATT, la création de l'Organisation mondiale du commerce et l'entrée de la Chine dans cette OMC, les élargissements de l'Union européenne à l'est jusqu'à la Roumanie, la Bulgarie, l'Ukraine aujourd'hui, désormais les traités bilatéraux avec le Vietnam, l'Inde, le Mercosur.

Et que sont-ils allés chercher au loin ? Du mal-travail. Du travail exploité, du travail opprimé, du travail sans droits, sans Code, du travail des enfants, même, souvent.

Avec, c'est évident, et c'était recherché : le double prix ici. « Le droit du travail et la protection de l'environnement sont devenus excessifs dans la plupart des pays développés, énonçait le libéral Gary Becker, prix Nobel d'économie. Le libre-échange va réprimer certains de ces excès en obligeant chacun à rester concurrentiel face aux importations des pays en voie de développement » (*Business Week*, 9 août 1993). Pour le public, c'est au nom de la « paix », de la « prospérité », du « multiculturalisme », plein de générosité, qu'on ouvre les frontières. Quand les dirigeants, eux, y voient leur intérêt : un *dumping* à la fois social et écologique.

Concurrence et chômage aidant, le mal-travail ailleurs est revenu comme un boomerang avec le mal-travail chez nous : travail externalisé, sous-traité, pressé, etc. C'est l'objet de ce livre.

Mais travail sous-payé aussi, les salaires qui ne sont plus relevés. Et cela demeure, bien sûr, une question clé : vivre de son travail, bien en vivre, et non pas en survivre. Aujourd'hui plus que jamais : depuis deux ans, la France qui se lève tôt, qui prend son auto, ou le métro, qui va au boulot, qui a mal au dos, cette France-là est rationnée. C'est une sortie au restau ou au MacDo qu'on ne fait plus, le caddy qui n'est plus rempli, les économies longtemps à l'avance pour Noël ou pour les vacances, les copains qu'on hésite à inviter, parce que même l'amitié pèse dans le budget, quand ce n'est pas le loyer, des factures d'électricité qu'on peine à régler. C'est l'inquiétude, surtout, pour les enfants : comment financer leurs études ? Ce sont des vies, sinon « au rabais » comme l'écrit Jérôme Fourquet, du moins rabaissées.

Que titrent pourtant *Les Échos* en cet automne 2023 ? « Les dividendes atteignent de nouveaux records ». Eux-mêmes en paraissent surpris, dirait-on : « Après une année 2022 historique, la tendance est encore à la hausse». Après le sommet de l'an dernier, on monte donc encore plus haut: un «millésime historique». Et en la matière, notre pays brille: dans le monde, «la hausse est de 5 % sur un an», mais en France «la hausse est encore plus marquée avec +13,3 %». C'est une percée, sans doute, un nouveau plafond crevé, mais cette explosion du revenu des actionnaires ne date pas d'hier. Elle s'est installée dans la durée. «Au service de qui êtes-vous?» C'est Gérard Mardiné, secrétaire général de la CFE-CGC, le syndicat des cadres, qui interpellait ainsi les députés macronistes, en Commission des affaires sociales, lors du conflit sur les retraites: «Depuis quarante ans, la part revenant aux salariés a nettement baissé. Alors que la part versée en dividendes, elle, a triplé. Que faites-vous pour rééquilibrer ce partage de la valeur? Rien, votre projet de loi ne prévoit rien. Au contraire, vous aggravez les choses. Alors, votre politique, vous la menez pour qui? Pour les salariés français ou pour les fonds de pension anglo-saxons?» Pour mémoire: 96 % de ces dividendes vont aux 1 % les plus riches! Les deux tiers, aux 0,1 % les plus riches. Et un tiers aux 0,01 % les plus riches!

*

À une poignée, le travail maltraité rapporte gros, donc.

Mais il coûte cher, beaucoup plus cher, à tous.

Aux travailleurs, bien sûr, dont la santé est altérée, dont la vie est parfois brisée. Avec deux morts au travail par jour et plus de 600 000 accidents du travail par an, la France se classe parmi les champions d'Europe de l'insécurité au travail. Et ceci, sans compter les « troubles psychiques », les « risques psycho-sociaux », qui demeurent « hors tableau ». Sans compter les cancers professionnels, dont les épidémiologistes estiment que seulement un sur vingt est aujourd'hui reconnu (hors l'amiante). D'ailleurs, les « inaptitudes » ne sont même pas chiffrées, même pas comptées ! Notre rapport les évalue à plus de cent mille chaque année. Oui, plus de 100 000, qui sortent du travail, blessés ou broyés, au physique ou au moral.

Et ce mal-travail ne frappe pas au hasard : les femmes, les immigrés et leurs enfants, les ouvriers, les métiers populaires, les « travailleurs de la deuxième ligne » sont les plus touchés. D'où le silence, politique, médiatique.

Avec un coût, donc, pour les femmes et les hommes, pour leurs familles.

Avec un coût, également, pour la Sécurité sociale, pour son budget : les arrêts de travail se multiplient et surtout se rallongent, en hausse de 8 % sur un an, jusqu'à seize milliards d'indemnités.

Avec un coût pour les sociétés, bien souvent, désorganisées par l'absentéisme, par le *turn-over*. Une perte estimée à cent huit milliards d'euros par an, selon l'institut Sapiens.

Avec un coût, enfin, pour la société tout entière : ce sont des pans de notre économie, de nos services publics, qui dysfonctionnent, en peine de recrutements, en panne de compétences, de l'aide à domicile aux conducteurs de bus, des hôpitaux aux usines, de l'Éducation à la construction, avec des travailleurs que l'on épuise, qui fuient.

Le travail sous-payé, malmené, les bouts de boulot qui remplacent les métiers : ces économies rognées nous ruinent, en fait. Un ancien ministre du Travail, Xavier Bertrand, avait évalué le coût du mal-travail à « 3 à 4 % du PIB ».

Par-delà les chiffres, ce mal-travail, ce « *low cost* » introduit de l'incertitude, de l'angoisse dans les existences populaires, de « la classe moyenne inférieure ».

De là découle du désordre politique, démocratique : le ressentiment privé, dans l'entreprise, rejaillit en ressentiment public, dans les urnes. Le mépris du travailleur engendre la défiance du citoyen. Via l'abstention, une grève civique pour beaucoup. Et surtout, via des bulletins pour le

Rassemblement national. Avec une gauche qui n'incarne plus naturellement, spontanément, le « parti du travail ».

Enfin, nous avons un formidable défi à relever, sans doute le plus terrible péril depuis la naissance de l'Humanité : affronter la crise écologique. Qui exige de transformer nos logements, nos déplacements, notre industrie, notre énergie, notre culture, notre agriculture, bref, notre société tout entière. C'est une masse de travail gigantesque, à canaliser, à organiser. Et l'on y parviendrait avec un travail en désordre ? Avec des travailleuses, des travailleurs, dans le malaise, le mal-être, dégoûtés, découragés ?

Il nous faut sortir de ce mal-travail.

*

Comment ?

Il y aurait désormais, nous dit-on, « pénurie de bras ». Nous en doutons, nous n'en sommes pas encore là, avec six millions de personnes en sous-emploi. Une époque s'achève, néanmoins, on l'espère, on le souhaite, une période où dans les boîtes, la phrase revenait comme une rengaine : « Si t'es pas content, 'y en a mille qui attendent à la porte. » Un temps, qui dure depuis quarante ans, où la main-d'œuvre est remplaçable, jetable, externalisable, délocalisable : peut-être redevient-elle précieuse. Peut-être.

La démographie, avec une baisse, prévue, calculée, -8 % d'ici 2050 des Françaises, des Français en âge de travailler, avec, à l'autre bout, une hausse des personnes âgées, dont il faudra s'occuper, la démographie inviterait à prendre soin du travail, des travailleurs, des travailleuses. À ne pas les user, les épuiser trop vite. À ne pas les gâcher, non plus, en des emplois vides et vains, en des *« bullshit jobs »*.

Mais la loi de l'offre et de la demande, même mâtinée de dialogue social, ne suffira pas. Pour inverser cette tendance, pour rétablir les plateaux de la balance, il faut une volonté, une volonté politique. Qu'on en finisse avec ces ministres, ces présidents, qui ont de la « valeur travail » plein la bouche, tandis que de leurs mains, ils étranglent doucement, silencieusement, le travail, tandis que de leurs doigts ils signent des lois qui nous noient toujours plus dans « les stratégies du *low cost* ».

Que réclamons-nous ?

On pourrait citer mille mesures. L'embauche de préventeurs, de médecins, inspecteurs, contrôleurs du travail, bien sûr. Le retour des comités d'Hygiène et de Sécurité, pleins et entiers, qui servaient de vigies, qui pouvaient user d'un droit d'alerte. Une Sécurité sociale qui, fidèle à sa genèse, se fixerait

« un but de prévention plutôt que de réparation ». Etc.

Mais au-delà : la démocratie doit franchir le seuil de l'entreprise, voilà l'impératif. La parole du travailleur sur son propre travail doit être permise, et entendue, voilà la priorité. Toutes les recherches le montrent : c'est une clé, majeure, d'un mieux-être au travail. Cette expression en plus, c'est de la maladie en moins.

Notre mot d'ordre est simple, presque banal, on l'a dit, on le répète : que tous les Français, tous les habitants de notre pays, puissent vivre de leur travail, bien en vivre, et pas seulement en survivre. Mais aussi : qu'ils puissent bien le vivre, bien vivre leur travail, et non en souffrir.

C'est en appeler, également, à un renversement. Ne plus, avant tout, selon son étymologie, considérer le travail comme une « torture », comme une souffrance en soi, à quoi il faudrait seulement trouver des compensations à côté : en paie, en prime, en repos. Mais que la politique, que les syndicats investissent dans le travail lui-même, le contenu du travail, le lieu de travail, que le chef d'entreprise ne soit pas laissé seul maître à bord, seul décideur de l'organisation, mais en discussion avec les salariés eux-mêmes. Que ne soient pas partagées uniquement les richesses, mais aussi, en partie, le pouvoir. Que l'on cherche, au travail, le chemin de la fierté : se réaliser en réalisant. Que l'on retrouve le cœur à l'ouvrage.

PREMIÈRE PARTIE

LES CAUSES DU MAL-TRAVAIL

CHAPITRE 1

Quand la fierté craque

Les Français sont « parmi les Européens les plus attachés au travail », notent les sociologues Maëlezig Bigi et Dominique Méda : « En 2017, ils étaient encore 62 % à déclarer que le travail était très important, contre moins de 50 % pour les Danois, les Hollandais, les Allemands ou les Britanniques. »

Indice de cet attachement, les Français sont plus nombreux que leurs voisins à « venir travailler sur leur temps libre ».

VOUS ARRIVE-T-IL DE VENIR TRAVAILLER SUR VOTRE TEMPS LIBRE
POUR RÉPONDRE AUX EXIGENCES DE VOTRE TRAVAIL
(TOUS LES JOURS ET PLUSIEURS FOIS PAR SEMAINE) ?

	France	Allemagne	Danemark	Pays-Bas	UE27
Oui (%)	20,2	14,5	14,3	15,6	16,4

AU COURS DES 12 DERNIERS MOIS, AVEZ-VOUS TRAVAILLÉ ALORS QUE VOUS ÉTIEZ MALADE ?

	France	Allemagne	Danemark	Pays-Bas	UE27
Oui (%)	37	29,7	33,3	21,9	28,2

Source : Eurofound, vague 2021.

Ou encore à « venir travailler malade ». Comme l'indique dans une étude la Dares, « 62 % des salariés en France ont fait au moins un jour de présentéisme au cours de l'année 2015, contre 42 % des salariés dans l'ensemble de l'Union européenne. Ainsi, les salariés en France font partie des salariés de l'Union européenne ayant la plus forte propension au présentéisme. »

C'est cette fierté du travail, ce sentiment d'utilité, que nous tenons à d'abord souligner. La fierté d'un travail bien fait. C'est la coiffeuse qui, dans le miroir, montre la coupe à sa cliente. C'est l'électricien qui, les fils branchés, vérifie que la lumière s'allume. C'est l'informaticien qui, dans un alignement de 0 et de 1, a trouvé le chaînon défaillant. C'est le maçon qui recule d'un pas pour regarder son mur. C'est le magasinier satisfait de son rayon rangé, toutes les marques qui lui font face. C'est le prof de français qui a fait jouer une saynète de Molière à Enzo, Yanis et Jennifer. C'est la femme de ménage qui passe, et le désordre, la poussière qui trépassent. Et tout cela procure de discrètes joies.

*

Même chez les travailleuses, les travailleurs, aujourd'hui remplis de dégoût, abattus, découragés, il faut encore entendre cette musique, en sourdine : leur fierté d'hier, leur utilité perdue, et cette perte fait toute leur douleur.

C'est Nathalie, agent d'accueil dans un office HLM : « Le social, j'aimais beaucoup ça. Il y a des gens qui venaient pour d'autres questions que le logement, qui cherchaient des conseils… Ils ont besoin de contact pour discuter. Mais on m'a donné de l'administratif à faire, du secrétariat à remplir, en plus de l'accueil. J'ai signalé que je n'arrivais pas à tout faire, que ça me prenait du temps, d'accueillir les gens. Et c'est là qu'ils m'ont dit : "Tu ne perds plus de temps à l'accueil, tu n'es pas assistante sociale." On m'a fait le reproche de perdre du temps, que je ne devais pas discuter à l'accueil. On m'a dit : "Tu expliques au téléphone et c'est tout." Au bout d'un moment, j'ai été fatiguée, rien n'était mis en place pour que je puisse souffler entre deux. Avec ma surcharge de travail, je ne pouvais même pas aller aux toilettes, personne ne me remplaçait. Et le manque de soutien, lors des agressions verbales… Mais au départ, oui, j'aimais ça. » Après un burn-out, Nathalie est finalement licenciée pour inaptitude.

C'est Louis et ses anciens collègues, dans une immense friche, à Saint-Martial, en Dordogne : ici, durant plus d'un siècle, les ouvriers fabriquaient des portes et des fenêtres en bois, en PVC. « On fabriquait du Grégoire », énonce l'un d'eux avec fierté, et « les gens achetaient du Grégoire », du « solide », des « gammes qui durent dans le temps », « quarante ans après, c'est encore là, ça n'a pas bougé », « on avait des contrats à l'international ». Et puis, la dynastie a périclité, une héritière a mal géré, un fonds de pension a ramassé la mise, revendu à un « machin Prudentia ».

«Après, on faisait du *low cost*… Pour parler franchement, que de la merde.

– On n'y allait plus que pour le salaire. »

Elle nous intéresse, cette phrase : « que pour le salaire ». Cela signifie que, auparavant, il y avait autre chose que le salaire, un plus, un supplément d'âme.

« Et avant, vous y alliez pour quoi ?

– On était fiers. On était formés. On apportait quelque chose à la commune, à la Région. » Assez vite, l'entreprise plonge : « On leur a dit souvent. Mais nous, on est des ouvriers, point barre. C'est marche et ferme ta gueule. Même pour acheter les machines, on leur disait que ça n'irait pas. Mais nous, notre parole ne compte pas. »

Et avant même leur licenciement, le dégoût s'était installé, le dégoût de mal-travailler.

C'est Jérôme, postier: « Moi je suis facteur à Francheville, à côté de Lyon. Ce que j'aimais bien faire comme travail, c'était distribuer le courrier aux gens, que la lettre soit reçue à la bonne adresse, dans les temps, dans de bonnes conditions, pouvoir échanger avec eux. J'ai été marqué en 2003, pendant la canicule, quand onze personnes de ma tournée sont décédées. J'ai connu des bébés à leur naissance, et un jour j'ai distribué le recommandé avec le permis de conduire, le temps passe. Ce sont des liens sociaux que j'ai, et ça a du sens dans mon travail. Tout le monde trouve du sens dans son travail comme ça.

Mais moi, cette qualité de travail, que j'estime devoir offrir, c'est pas du tout la même que La Poste me réclame. Les lettres mal adressées, ce n'est pas la peine de les distribuer, de chercher la bonne adresse, sinon je perds en productivité. On met de côté, retour à l'envoyeur. Ça veut dire, aussi, ne pas discuter avec les personnes âgées, sauf celles dont les enfants ont payé "veiller sur mes anciens", et là je dois discuter onze minutes avec elles deux fois par semaine. Les autres je n'ai pas le droit de leur parler. Pour moi, ce n'est pas ma mission. Si je veux atteindre une bonne qualité de travail, ce n'est pas ça. »

Car mal-faire son travail, c'est d'autant plus douloureux avec des humains en face. Alors, comme pour Siham, infirmière dans un Ehpad, la fierté peut se retourner en honte: « C'était un seul gâteau par jour, un seul jus d'orange... C'est pour ça, nous, quand on a fait grève, le salaire, ça n'était pas la priorité. Juste, on ne voulait plus rentrer chez nous avec la honte, en se disant qu'on fait un travail de merde, juste pour nourrir les enfants... » Nous la sondons alors, avec ses collègues : « Vous voyez, sur les tracts, on va réclamer pour les salaires, pour des moyens, pour des statuts, et il le faut. Mais je crois qu'il y a une chose pire, au cœur des travailleurs : c'est le sentiment de mal faire leur travail.

– Exactement.

– Et il y a une revendication presque plus spirituelle, mais plus massive aussi : c'est de pouvoir en éprouver de la fierté, alors que là vous parlez de honte.

– Tout à fait, absolument. »

Voilà notre conviction : c'est par là que le travail est malade, que les salariés en tombent malades, et que des pans entiers de notre société sont malades.

C'est Valérie, trente ans de caisse chez Continent, devenu Carrefour : « Quand je suis entrée, on faisait du lien, on discutait avec le papy qui venait acheter sa baguette tous les matins. On avait des échanges entre humains, même entre les caisses on pouvait se causer. Et puis, ils nous ont 'managés', ça a tout gâté. Dans les vestiaires, ils ont collé des affichettes, sur nos chiffres, notre 'productivité', on avait formations sur leur Sbam. » Sbam, c'est « Sourire-bonjour-au revoir-merci ». Sbam+, « Sourire-bonjour-au revoir-merci, est-ce que vous avez la carte de fidélité ? » Les phrases deviennent stéréotypées, automatisées. « Même, un chef, une fois, il a dit à un client : 'C'est terminé, elles ne parlent plus à personne !' Ca m'a dégoûtée. Je l'ai dit. Ils m'ont répondu 'Si vous voulez prendre la porte, allez-y, y a du monde qui attend votre place !' Me traiter comme ça, après mes années de services ! Alors que j'acceptais tous les remplacements éclairs, on m'appelait le matin pour l'après-midi, je faisais sauter des jours de repos, pour combler l'absence d'une collègue. Je les arrangeais. Du coup, j'ai craqué. J'ai perdu l'envie. Je sentais tout pourri. Alors que ça peut vous paraître bizarre, mais mon métier de caissière, je l'aimais bien. »

C'est Florie, près d'Albi, qui se sent la « vocation d'infirmière ». Elle devient finalement aide-soignante, entre à l'hôpital : « C'est là que le drame a commencé. » Elle aligne CDD après CDD, d'un mois, deux mois, etc., est rappelée sur ses congés, sur ses week-ends, pour des remplacements, avec la menace de : « Tu n'auras pas ton CDI. » On la rationne sur les gants, sur les couches pour les personnes âgées, dans son service « fin de vie ». On la rationne, surtout, sur le temps, sur l'humanité : « Je me souviens d'une dame, en cancer généralisé. Elle ne parlait pas, elle criait, elle pleurait, elle rejetait les soignants. Moi, j'ai réussi à l'adopter, je la faisais rire, j'étais la seule à pouvoir la soigner. Je m'assois sur son lit, pour lui tenir la main. Un cadre passe, il me convoque dans son bureau : je n'avais pas à m'asseoir sur le lit, ça n'était pas hygiénique.

– Tu étais sanctionnée pour ton humanité ?

– Voilà. À partir de là, j'ai attrapé une urticaire géante, j'ai fait un malaise, on m'a hospitalisée pendant trois jours, on m'a fait un scanner avec injection.

– C'était psychosomatique ?

– Évidemment. Au bout de trois ans, ils ont mis fin à mes CDD.

– Ils ont détruit ta vocation ?

– Carrément. Après, j'ai préféré entrer chez Leroy Merlin. »

« Cette attitude-là – faire toujours de son mieux sans en attendre de profit matériel – n'a pas de place dans l'échafaudage imaginaire du capitalisme, notait le philosophe Cornélius Castoriadis. D'où le vide moral actuel. Sur ce plan, le capitalisme vit en épuisant les réserves anthropologiques constituées pendant les millénaires précédents. De même qu'il vit en épuisant les ressources naturelles. »

Ce sont des vocations de soignants, d'enseignants, de pros du bâtiment, d'éducateurs, d'animateurs, de caristes, d'auxiliaires de vie, qui sont aujourd'hui découragées par milliers. C'est par là, par le moral, que le travail craque. Et fait craquer.

C'est le diagnostic que fait Yves Clot, professeur de psychologie du travail: « le travail empêché », « ne pas faire son boulot » conduit à « la maladie », avec un lien évident « entre travail de qualité et santé ». C'est un fait massif, et même explosif, d'après lui: « 35 % des salariés disent ne jamais ressentir la fierté du travail bien fait, 54 % disent ne pas pouvoir faire un travail de qualité, et même devoir la sacrifier... » Ce sont des millions de travailleurs « empêchés ». Empêchés par quoi, nous allons voir ça.

CHAPITRE 2

Une contre-performance française

Pas encore ministre des Solidarités, Aurore Bergé twittait : « Mourir au travail : sérieusement ? On en est encore là de la vision du monde du travail ?! »

Eh bien oui. Et même, nous sommes presque des champions : juste après la Lituanie, Malte et la Lettonie, la France arrive quatrième en Europe, au pied de ce funeste podium. Avec 4,5 décès pour 100 000 salariés, « nous sommes sur un plancher de verre, convient la direction générale du travail, on a du mal à descendre en dessous des 650 morts au travail par an ». Y aurait-il un biais statistique ? « Ces données peuvent interpeller. Nous n'avons pas de quoi les relativiser. »

ACCIDENTS MORTELS AU TRAVAIL EN 2021
(TAUX D'INCIDENCE STANDARDISÉ POUR 100 000 EMPLOYÉS)

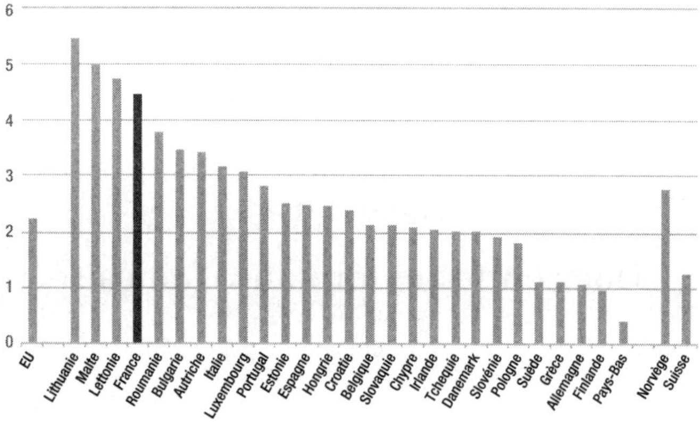

Note : NACE sections A et C-N.
Source : Eurostat (code des données en ligne : hsw_mi01)

*

Sur le travail, dans toutes les enquêtes européennes, la France est distancée par les voisins qui lui ressemblent, au profil social et économique proche.

Sur « le port de charges lourdes », « les mouvements répétitifs », « les postures douloureuses », « l'exposition à des produits toxiques », notre pays est nettement au-dessus de l'Allemagne, du Danemark ou des Pays-Bas, et même au-dessus de la moyenne européenne. Voilà pour le physique.

Idem pour le psychique : « vivre des situations perturbantes », « subir des discriminations », « travailler dans des délais très stricts et très courts », chaque fois, la France performe. Et on pourrait dire pareil pour les « risques biochimiques », « l'autonomie » dans les tâches, le « temps de travail contraint », les « perspectives de carrière », la « formation en emploi », sur tous ces points, notre pays est à la traîne.

À QUELLE FRÉQUENCE VOTRE EMPLOI RÉMUNÉRÉ IMPLIQUE-T-IL ?
(Toujours et souvent)

%	France	Allemagne	Danemark	Pays-Bas	UE27
Des postures douloureuses	33,9	22,2	17,4	15,4	23,8
Le port de charges lourdes	25,4	19,3	20,4	13,3	19,9
Des mouvements répétitifs de la main ou du bras	66	48,6	51,8	53,9	59,9
L'exposition à des produits toxiques	17,7	16,6	13	8,1	16,7
De vivre des situations perturbantes pour vous sur le plan émotionnel	23,8	20,1	14,7	8,4	18,5

POUVEZ-VOUS ME DIRE SI VOTRE TRAVAIL NÉCESSITE DE TRAVAILLER DANS DES DÉLAIS TRÈS STRICTS ET TRÈS COURTS ?
(Toujours et souvent)

	France	Allemagne	Danemark	Pays-Bas	UE27
%	52,1	49	45,3	37,2	47,7

Ces contraintes physiques, psychiques, plus fortes qu'ailleurs, ont des conséquences sur la santé. Pour « le mal de dos », « les douleurs musculaires », les salariés français souffrent plus que leurs homologues. Mais c'est l'« anxiété », surtout, qui est stupéfiante :

47 % en France contre 12 % en Allemagne ! Sans surprise, dès lors, « à cause de leur travail », nos concitoyens se sentent davantage « menacés dans leur santé, leur sécurité. »

AVEZ-VOUS SOUFFERT, DURANT LES 12 DERNIERS MOIS, D'UN OU PLUSIEURS PROBLÈMES DE SANTÉ PARMI LES SUIVANTS ? (OUI)

Oui (%)	France	Allemagne	Danemark	Pays-Bas	UE27
Anxiété	49	11,9	7,6	32,6	30,4
Mal de dos	57,9	48,6	40,9	39	54,3
Douleurs musculaires dans les membres inférieurs	39,1	24,8	28,6	27,1	35,3
Douleurs musculaires dans les épaules, le cou et/ou dans les membres supérieurs	62,8	50,1	59,5	51,1	56,8

PENSEZ-VOUS QUE, À CAUSE DE VOTRE TRAVAIL, VOTRE SANTÉ OU VOTRE SÉCURITÉ SOIT MENACÉE ?

	France	Allemagne	Danemark	Pays-Bas	UE27
Oui (%)	38,7	31,2	20,8	20,7	34,2

Source : Eurofound, vague 2021.

*

Une « contre-performance française » : voilà le verdict des économistes Christine Erhel, Mathilde Guergoat-Larivière et Malo Mofakhami. Et elles résument :

« La France se situe dans un groupe intermédiaire, avec les pays du Sud (Italie, Espagne, Grèce et Portugal) et la Pologne, où la qualité de l'emploi est moins bonne que dans le premier groupe, même si la situation salariale est plus favorable que dans le groupe d'Europe centrale et orientale. Dans ce groupe, le taux d'emploi temporaire est fort et la représentation des salariés limitée. Les conditions de travail présentent un certain nombre de caractéristiques défavorables (positions fatigantes, délais serrés) et l'accès à la formation et les opportunités d'apprentissage sont réduites.

En matière de qualité de l'emploi et surtout du travail, la position de la France semble en décalage avec son niveau de richesse et avec ses institutions du marché du travail plutôt protectrices, qui la rapprochent de ses voisins continentaux comme l'Allemagne ou la Belgique. [...] Les facteurs d'exposition aux risques physiques (ergonomie et risques biochimiques) sont d'environ 15 % supérieurs à la moyenne européenne en 2021, alors que la France se démarque par une structure de l'emploi relativement peu industrielle. [...] Sur le volet de la santé au travail et du bien-être, la France se situe également en dessous de ses partenaires européens. En 2021, soit un an après le pic de la pandémie de Covid-19, 39 % des travailleurs français déclarent que leur santé est à risque du fait de leur activité professionnelle, soit six points de plus que la moyenne des travailleurs européens (33 %). Or, la proportion de travailleurs français qui déclarent pouvoir recourir à un conseil ou à un délégué chargé de la santé et de la sécurité au travail semble relativement faible (70 % contre une moyenne européenne de 76 % ; 84 % en Allemagne), indiquant une prise en charge insuffisante de ces problèmes de santé au travail.»

D'où un fossé «entre les très fortes attentes à l'égard du travail et la réalité des conditions d'exercice du travail. Des attentes peut-être trop élevées viennent en quelque sorte se fracasser sur la réalité du travail.»

Et un fossé qui ne se comble pas.

*

C'est une donnée clé. En 1984, 12 % des salariés disaient subir une «triple contrainte physique»: «porter des charges lourdes», «se tenir debout» ou «dans une posture pénible», «subir des secousses ou des vibrations», etc. Après quarante années de robotique, informatique, numérique, on se dit que ce pourcentage a diminué, plongé? Divisé par deux ou par trois? Eh bien: ce taux a été multiplié par trois, presque triplé. Il est passé à 34 %. Mais pire. Ce chiffre grimpe de 13 % à 46 % parmi les employés de commerce et des services, de 23 % à 60 % parmi les ouvriers qualifiés, de 21 % à 63 % parmi les non-qualifiés. Parmi eux, 38 % sont exposés à un bruit intense, 40 % sont au contact de produits dangereux, 66 % respirent des fumées ou des poussières. On est très loin du travail dématérialisé…

CONTRAINTES ET RISQUES PHYSIQUES
(Au moins trois contraintes physiques*)

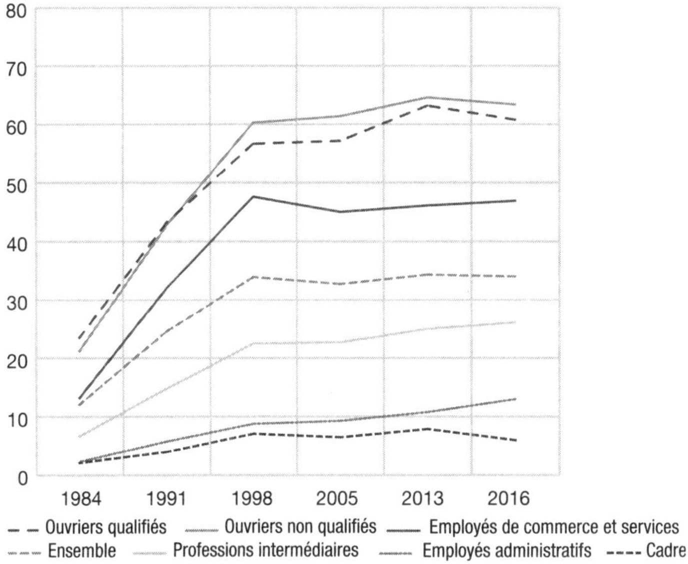

* Parmi cinq contraintes : rester longtemps debout, rester longtemps dans une posture pénible, effectuer des déplacements à pieds longs ou fréquents, devoir porter ou déplacer des charges lourdes, subir des secousses ou des vibrations.

Le travail ne s'allège pas, ni sur les corps ni sur les esprits. Ainsi, les contraintes de rythme (« Devoir toujours ou souvent se dépêcher, des délais à respecter en peu de temps, interrompre une tâche pour une autre non prévue, situation de tension avec public… ») ont explosé : de 5,8 % en 1984 à 35,2 % aujourd'hui. +20 points pour les cadres, +30 points pour les professions intermédiaires, +27 points pour les employés, +45 points pour les ouvriers qualifiés.

INTENSITÉ DU TRAVAIL ET PRESSION TEMPORELLE
(Au moins trois contraintes de rythme (voir tableau 1)*)

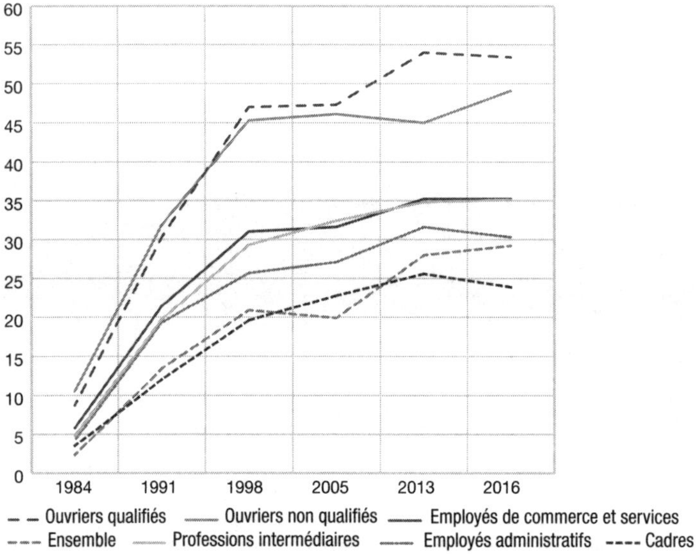

* Parmi les sept contraintes de rythme listées dans le tableau 1, en excluant le contrôle ou le suivi informatisé introduit dans l'enquête en 2005.

Lecture : en 2016, 31,5 % des salariés déclarent avoir un rythme de travail déterminé simultanément par au moins trois contraintes de rythme.

Champ : salariés de France métropolitaine.

Sources : Dares, DGAFP, Drees, Insee, enquêtes Conditions de travail (1984, 1991, 1998, 2005, 2013, 2016).

Lorsque Bruno Le Maire se demande si « quelque chose justifie que les arrêts maladie aient augmenté de 30 % en dix ans », au fond, c'est sur lui qu'il en dit le plus. Sur son ignorance du travail, de sa réalité, de son évolution. Une ignorance, dans les hautes sphères, largement partagée.

ÉVOLUTION DES CONTRAINTES SUR LE RYTHME DE TRAVAIL

Rythme de travail imposé par…	1978	1984	1991	1998	2005	2013	2016
Des contraintes techniques	16	14	21	29	30	32	32
La dépendance immédiate vis-à-vis des collègues	13	11	23	27	27	30	29
Des normes de production à satisfaire en une journée	21	19	38	43	42	46	48
Dont: en une heure		5	16	23	25	27	29
Une demande extérieure	34	39	57	65	65	69	70
Dont: obligeant à une réponse immédiate		28	46	54	53	58	58
Les contraintes ou surveillances permanentes exercées par la hiérarchie		17	23	29	30	31	31
Un contrôle ou un suivi informatisé					25	35	35

Lecture: en 2016, 35 % des salariés déclarent avoir un rythme de travail imposé par un contrôle ou un suivi informatisé.

Sources: Dares, DGAFP, Drees, Insee, enquêtes Conditions de travail et risques psychosociaux (1978, 1984, 1991, 1998, 2005, 2013, 2016).

Et pourtant: « C'est une chose très connue, très documentée parmi les chercheurs qui s'intéressent aux conditions de travail, remarque Christine Erhel. Les contraintes, dans la logistique par exemple, se sont renforcées. C'est du néo-taylorisme…

– On est encore plus dans *Les Temps modernes*, finalement?

– Oui. Ceux qui disent que les robots libèrent les travailleurs, ce n'est pas vrai, ça empire. Amazon en est l'illustration, l'homme y devient un appendice de la machine, pour reprendre les termes de Marx.

– Est-ce qu'il y a moins pire ailleurs?

– Oui, dans les pays nordiques, la Suède, le Danemark. Il existe d'autres cultures managériales. »

CHAPITRE 3

Le choix du *low cost*

« Depuis plus de trente ans, analyse Bruno Palier, le travail en France n'est pas conçu comme un atout sur lequel les entreprises et les services publics pourraient s'appuyer pour améliorer leurs produits ou leurs services, mais comme un coût qu'il faut réduire par tous les moyens. C'est ce à quoi s'attellent les politiques économiques françaises, principalement fondées sur des exonérations de cotisations sociales et des aides aux entreprises pour alléger le poids des "charges sociales". Réduire le coût du travail à tout prix constitue aussi l'essentiel des stratégies des entreprises françaises. L'ensemble a eu pour effet de dévaloriser et d'abîmer le travail en France. »

Comme l'écrit Bruno Palier, le mal-travail n'est pas une fatalité, pas un phénomène naturel : c'est un choix. C'est un choix fait, dans la mondialisation, par nos dirigeants économiques, par nos dirigeants politiques.

« Le manque de compétitivité de l'économie française est surtout lié à son positionnement en milieu de gamme : nous sommes trop chers pour ce que nous produisons. Mais, plutôt que de chercher à améliorer la qualité de nos productions, à investir dans les qualifications et dans la montée en gamme, nous avons préféré produire la même chose avec moins de monde, chasser les coûts et intensifier le travail, ce que nous appelons une stratégie du *low cost* à la française.

Les nombreuses évaluations de ces politiques de baisse des cotisations sociales montrent que si elles ont eu une certaine efficacité lors de leur première mise en œuvre, elles n'ont ensuite quasiment pas permis de créer de nouveaux emplois. Elles n'ont pas non plus permis d'améliorer la compétitivité à l'export des entreprises françaises. Ces politiques sont donc inefficaces pour lutter contre le chômage et, bien loin de permettre une montée en qualité des productions françaises, elles ont tiré celles-ci vers le bas et réduit ses capacités à produire et à exporter des biens et des services de qualité. »

Lui cite à l'appui un rapport du Sénat sur les exonérations de cotisations sociales (2014) : « La politique d'allègements a également favorisé un mauvais positionnement de l'économie française.

Au lieu d'être ciblée sur les entreprises qui en ont le plus besoin et sur les secteurs les plus exposés à la concurrence, elle offre une prime aux bas salaires et aux secteurs les plus abrités. Les allègements bénéficient surtout aux petites entreprises du secteur des services, où les salaires sont moins élevés, et peu à l'industrie, pourtant exposée à une concurrence internationale incitant au *dumping* social et environnemental. »

Bruno Palier poursuit : « Ces politiques de dévaluation fiscale, si leur efficacité concernant les emplois est très faible, et si elles n'ont pas permis d'améliorer nos positions à l'export, ont en revanche contribué à construire une représentation dévaluée du travail, réduit à un coût pour les entreprises. »

Les politiques françaises, européennes, ont favorisé ce mouvement. Pas seulement par les « allègements de charges », mais aussi par « des mesures de libéralisation du marché du travail adoptées dès les années 1980 », par la « flexibilité » recommandée, l'intérim, les CDD, les CDI-intérimaires, maintenant les auto-entrepreneurs, des sous-statuts créés. Par le laisser-faire des industries qui abandonnent le territoire national, et même par des entreprises, comme Renault, où l'État est l'actionnaire principal. Par une sous-traitance non régulée, non contrôlée, avec des salariés sous-protégés.

« Cette stratégie *low cost,* conclut Bruno Palier, repose sur quatre piliers principaux : les délocalisations, la sous-traitance, l'éviction des salariés les plus âgés, l'intensification du travail des salariés restants, fondée sur un management vertical par le chiffre, l'ensemble contribuant à dégrader la qualité et les conditions de travail en France. »

Cette stratégie *low cost* engendre le mal-travail, le mal au travail.

*

Deux fois plus d'accidents chez les sous-traitants : c'est le ministère du Travail, la Dares, qui livre ce résultat. Et pire : les accidents y sont « en progression », de plus en plus nombreux.

L'exposition aux bruits importants (pour au moins 10 % des salariés) est également davantage répandue parmi les sous-traitants (20 %) que pour les donneurs d'ordre (12 %), tout comme l'exposition aux températures extrêmes (17 % contre 13 %). Les postures pénibles apparaissent nettement plus répandues aussi (19 % contre 9 %). Et de même pour le port de charges lourdes ou le travail de nuit.

« Un travail plus pénible et plus dangereux dans la sous-traitance », concluent les chercheuses Corinne Perraudin et Nadine Thèvenot. Et nous ajouterons : un travail moins bien rémunéré. D'où notre crainte

DES ACCIDENTS DU TRAVAIL RÉPANDUS ET EN PROGRESSION DANS LES ÉTABLISSEMENTS SOUS-TRAITANTS

Part des salariés ayant au moins un accident du travail (en %)

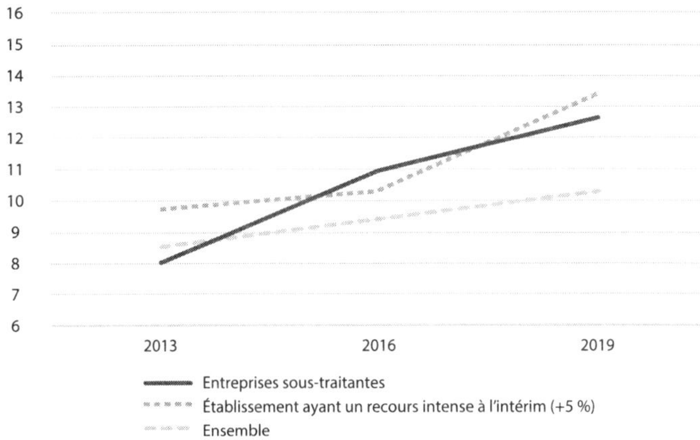

Lecture : en 2023, 8 % des salariés des preneurs d'ordres ont été victimes d'au moins un accident du travail.

Champ : salariés d'établissements de 10 salariés et plus du secteur marchand non agricole.

Source : enquête CT-RPS 2023n 2016, 2019 (Dares), fichiers couplés salariés-employeurs.

d'un salariat à deux vitesses : dans les grandes firmes, avec une présence syndicale, un CSE, de l'intéressement, de la participation, un contrôle minimal de la santé, de la sécurité. Et des sous-traitants, des sous-sous-traitants, sans garde-fou, qui ne bénéficient de rien. Ce fossé, entre donneurs d'ordres et preneurs d'ordres, vaut pour la construction, l'industrie, les centres d'appel, etc.

Aussi, estiment les sociologues, « face à la pénibilité du travail et aux accidents du travail dans la sous-traitance, l'enjeu est de penser un cadre juridique prévoyant de responsabiliser les donneurs d'ordres, en particulier en élargissant leur responsabilité à la prévention des risques externalisés et des accidents du travail. »

C'est sur les cadences, également, que joue la sous-traitance. Pour ne payer que les temps productifs, voire hyper-productifs.

SÉVERINE, salariée d'une entreprise de propreté : À l'hôpital, pour faire le même travail, on a moins de temps que n'en avaient les ASH (aide-soignant en milieu hospitalier).

OLIVIER : Je fais le service dermato, à deux avec une collègue, en trois heures. Avant, 'y avait deux ASH, 7 heures par jour, 14 heures, quoi. C'est pour vous donner un exemple. Donc, rien que là, l'hôpital économise 11 heures par jour.

SÉVERINE : Forcément, le travail ne peut pas être aussi bien fait. Mais on y arrive.

GÉRALDINE : Mais ça, c'est partout. À l'université, c'est pareil. Avant, elles faisaient en 7 heures ce qu'on fait en 3 heures. Et les gens se plaignent. Au CHU, c'est mal passé avec les soignants…

*

C'est pour le temps, toujours, le temps compté, le temps payé, que les entreprises recourent aux contrats précaires: «Selon les statistiques d'Eurostat, compare l'économiste Bernard Gazier, la France est, juste derrière la Croatie, l'un des deux pays en Europe ayant le plus fort taux de contrats courts (de durée inférieure à trois mois).»

Pour toute une jeunesse populaire, l'intérim est devenu la porte d'entrée dans le travail: au début des années 80, un jeune sur cinq était en emploi précaire. C'est désormais un sur deux. Dans des secteurs entiers, le commerce, le nettoyage, la manutention, cette précarité est devenue la norme.

Malgré sa maîtrise de philo (sur la *«relecture du théâtre sartrien d'après-guerre à la lumière de* L'Existentialisme est-il un humanisme?»), Franck exerçait comme «responsable logistique» dans une PME de la Somme. L'entreprise conditionnait des parfums, recevait des chargements de bouchons, de bouteilles et de «jus» que des ouvriers assemblaient. Et il en ressortait des flacons de parfum L'Oréal à livrer: «La veille, on m'annonçait l'arrivée d'une cargaison. Donc, en clair, d'un jour sur l'autre, je dois trouver des caristes en intérim. Je téléphone à mes contacts dans les agences, "est-ce qu'Untel est dispo? Et Machin?" Les contrats duraient entre deux et quinze jours, parfois juste une journée.» Le temps, pour les recrutés, d'adoucir les cœurs, d'essayer au moins: «L'intérimaire ne voit qu'une chose: "Est-ce que ce soir, à 16 h 57, on va me demander de revenir demain ?" 1 500 euros le mois, c'est un gros salaire. Donc, ils te racontent leurs malheurs, "Franck, là, c'est un peu dur, avec les enfants, la semaine prochaine, tu auras besoin de quelqu'un ?" Quand t'es chef de service, 'faut être un loup. 'Faut prendre des gens et décider si, demain, ils auront à bouffer ou non. Moi, j'essayais de les avertir trois jours à l'avance, j'allais voir le mec "bah, écoutez, lundi, vous ne serez plus avec nous." C'est pas facile, parfois. Tu vois ce gars, la cinquantaine, sympa, il bosse bien mais lent comme un vieux quoi… Fini. Et il ne reviendra plus. Et un autre, un super nounours, vingt-cinq ans, le gros gars du Nord, toujours de bonne humeur, un pilote de Fenwick hors pair, mais je pouvais pas le garder : "Non, il nous a pété un carter", la coque en plastique qui protège le moteur. » La société ne comptait que 16 CDI : dix ouvriers, cinq chefs et une secrétaire. Son effectif grimpait régulièrement, néanmoins, jusque 120 employés, soit 86,7 % d'intérimaires, dans une activité qui n'a pourtant rien de « saisonnière ». Franck a démissionné, finalement. Usé. Usé physiquement, par l'absence de personnel, jongleur entre les tâches. Usé moralement, aussi, par cette gestion de salariés kleenex, on prend on jette, on re-prend on re-jette : il faut assumer la violence sociale qu'on impose.

Une violence que Jonathan, 24 ans, prend en pleine face.

« J'ai tout fait : téléconseiller à Médiamétrie, animateur à la ville d'Amiens, deux emplois en même temps. Ça, pendant des mois et des mois. J'ai une voiture, j'ai une assurance, je vis tout seul sans mes parents. Et après, du coup, j'ai trouvé un travail à Amazon. Donc là, nickel : je commençais à bien vivre. Ça faisait 1 600, c'était bien, mais pareil : c'est quoi ? C'est trois mois, quatre mois d'intérim, c'est précaire. Et une fois qu'Amazon, c'est fini, alors là, on va livrer des pizzas. Enfin, 'faut se débrouiller. »

Enfermé dans les galères, lui ne voit qu'une issue : le CDI. Ce Graal revient dans ses propos comme une obsession :

JONATHAN : Pour moi, c'est un CDI. Sans CDI, on n'a rien. Sans CDI, on peut pas avoir d'appartement. Là, je me retrouve à payer une maison à 700 euros. Mais c'est trop dur ! C'est précaire ! C'est rien ! On vous donne pas de chances. Et qu'on ne me dise pas que je ne vais pas chercher du boulot, que 'faut faire des études ! J'ai tout fait : le boulot, études, chercher tout seul. Personne peut me faire la morale. J'ai tout fait ! Et jusqu'au jour d'aujourd'hui, j'ai pas de CDI, rien ! J'ai fait tout ce qu'il faut pour avoir un CDI et rien. Et je sais que sans ça, c'est trop galère. Là, je me retrouve en fait avec plus rien, par exemple. Fin mai, j'ai plus rien.

LE RAPPORTEUR : Qu'est-ce que vous pensez qu'il faudrait faire ?

JONATHAN : La révolution.

LE RAPPORTEUR : Oui mais pour faire quoi ? Qu'est-ce que vous voudriez ?

JONATHAN : Moi je vois que le CDI. Un CDI, un truc indéterminé. Quelque chose qui nous permette d'avoir du travail. Parce que si on nous donne un travail pour nous dire au bout de cinq mois « bah voilà, c'est fini. Tiens, tes papiers, assedics », ça, c'est rien.

LE RAPPORTEUR : Tu penses par exemple qu'il faudrait surtaxer les contrats précaires type intérim, CDD. Tout ça, tout…

JONATHAN : 'Faut les enlever.

LE RAPPORTEUR : 'Faut les enlever ?

JONATHAN : On ne fait que dépanner. Il faudrait les enlever.

L'intérim, c'est le travail *low cost* par excellence. Du travail qu'on achète et qu'on jette, sans formation, sans précaution.

Mais que fait-on alors au travail ?

On l'émiette, on le dégrade, on le maltraite.

Que fait-on à la jeunesse ?

On la décourage, on la dégoûte, on la déstabilise.

Et pourquoi ? Pour quels gains ?

Chef d'équipe dans la logistique, près de Toulouse, Noël en livre la cause : « Auparavant, la législation dans l'intérim, c'était : "Une journée entamée, t'es payé la journée". Ensuite, c'était : "Une journée entamée, t'es payé la demi-journée." Maintenant, si tu viens, tu travailles pour une heure, t'es juste payé une heure. Ils refusent de payer tout temps de travail improductif. Même quand tu enfiles ton équipement, ils veulent l'exclure du temps de travail, pour payer que le temps le plus intense en production. »

Le temps des salariés est ainsi réglé, au plus près, sur les besoins du capital.

LE CAS DE L'ENTRETIEN : SOUS-TRAITANCE ET MAL-TRAITANCE

« Ça fait treize années que je suis ici, à l'hôpital de Montpellier, mais là, vraiment, la charge de travail, les cadences, ce n'est plus possible. On court, on court, on ne respire plus. » Leïla, comme ses collègues agents d'entretien, ne tient plus : « Ils nous ont ajouté le protocole d'hygiène, on a reçu une formation. La désinfection des chariots, c'est très bien, l'essorage de la serpillière... Mais ils n'ont pas ajouté de temps, au contraire : ils ne nous préparent plus les filets, c'est à nous de chercher dans le bac, on perd du temps. » Le temps, la course après le temps, voilà la cause de leur souffrance : « Avant, la salariée faisait mon secteur en 7 heures. Moi, j'ai la même surface, en 4 heures. Et en plus, ils m'imposent leurs scanners. » Ces « scanners », c'est la goutte d'eau : « On nous demande de badger, pas seulement quand on prend notre poste et quand on le quitte, non : dès qu'on entre dans une pièce, dès qu'on en sort. Tu fais un bureau, tu badges deux fois, deux fois pour des toilettes, deux fois pour une chambre... Ça fait une soixantaine de fois dans ta journée. Pour mieux nous surveiller, chasser les temps morts. Mais en plus, leurs scanners ne marchent pas. On perd parfois deux minutes... »

C’est marquant, pour moi: leurs salaires ne sont pas élevés, avec bien souvent des temps partiels contraints, des paies de 1200 euros, 1300 euros, au mieux 1400 euros. Et elles s’en plaignent, bien sûr: «Il n’y aura rien au pied du sapin. C’est dur. On se serre la ceinture.» Pourtant, c’est par le temps, par son contrôle, par les horaires, par les horaires, qu’elles ont craqué.

Durant la crise du Covid, le président de la République vantait «les travailleurs de la deuxième ligne» et leur promettait «reconnaissance et rémunération». Nous déposions alors notre proposition de loi «Femmes de ménage: encadrer la sous-traitance, faire cesser la maltraitance». C’est l’un des secteurs, l’entretien, où les accidents sont les plus fréquents, les maladies professionnelles courantes, les fins de carrière hachées. À l’Assemblée, où un accident mortel est survenu depuis, nous interrogions Patricia T.

Patricia T.: Je suis là depuis vingt ans, du lundi au vendredi, de 7 h à 11 h, et le samedi, de 6 h à 10 h. Six jours sur sept. Heureusement, à Bois-Colombes, je n’habite pas trop loin de la gare. Quand mes enfants étaient jeunes, je les déposais à 6 h le matin chez une voisine, qui en avait du même âge. Elle les conduisait à l’école et je les récupérais au goûter. Le plus dommage, c’était le mercredi, qui est le gros jour pour vous, les députés, et je ne les voyais pas.

Le rapporteur: Avec eux, vous n’aviez que le dimanche?

Patricia T.: Oui, voilà.

Le rapporteur: Si on vous avait proposé de travailler à partir de 9 h, ça vous aurait aidé?

Patricia T.: Ah bah oui.

Le rapporteur: Et si vous pouviez travailler toute une journée sur le même site?

Patricia T.: Bien sûr. Mais ça m'aurait étonné que le responsable va accepter ce genre de choses.

Le rapporteur: Et vous gagnez combien?

Patricia T.: 900 euros par mois. Depuis qu'ils sont grands, j'ai pris un deuxième poste pour compléter, en fin d'après-midi dans le 13e arrondissement.

Le rapporteur: Et, si vous me permettez, est-ce que vous avez des douleurs?

Patricia T.: Ah oui, justement, j'ai des problèmes de genoux, à 62 ans bientôt. J'ai du mal à me baisser. Mon médecin m'a prescrit un examen, mais avec mes deux emplois, je n'ai pas encore trouvé un horaire qui convienne... En tout, en vingt ans, je ne me suis absentée que deux semaines, pour une sciatique. Mais on est toutes usées.

Cette maltraitance n'est pas naturelle. Elle ne dure pas depuis toujours et pour toujours. Elle a une histoire, faite par les hommes, et en l'occurrence contre des femmes. Une histoire que Thierry L. raconte de l'intérieur.

Ancien directeur des ressources humaines dans une multinationale, dans l'agro-alimentaire, lui a œuvré, contre son gré, à l'«*out-sourcing*» du nettoyage:

«Au bout de 35 ans chez R., ils m'ont licencié pour "insuffisance professionnelle".

Tout s'est brusqué sur les femmes de ménage. Jusque-là, elles faisaient partie de l'entreprise, salariées de R., avec tous les avantages. Le Comité d'entreprise, les chèques vacances, le Noël des gosses, 'y avait Lucette, Andrée, Sylviane, on les tutoyait, elles avaient leur vestiaire, elles prenaient le café dans la salle de pause. Elles terminaient à 1900 euros, avec le treizième mois en plus, des primes. 'Y avait des absences, certes, ça arrivait, des gosses à garder, ou un lumbago, m'enfin, le boulot était fait, personne ne se plaignait. Et puis, est venue l'idée, l'ordre plutôt, de sous-traiter. D'externaliser. On est passés par une société privée, un cadre est venu établir le devis : surface au sol, surface de vitres, surface industrielle, surface de bureau, nombre de toilettes, il a tout mesuré, calculé. Et ensuite, on ne les voyait plus, ces femmes, elles arrivaient tôt, à 5 h du matin, à 8 h elles étaient reparties. Des fantômes. Ça n'était que des temps partiels. J'ai échangé, une fois, avec l'une d'elles : elle cumulait trois chantiers dans sa journée, notre usine le matin, des assurances le soir, un particulier dans l'après-midi. Ça lui faisait 800 euros. Et nous, tous les ans, on comprimait les tarifs du sous-traitant. On serrait de 2,5 %, 1 %. C'était un gros marché, pour eux, ils étaient tenus à la gorge.

On a fait grosso modo pareil sur les vigiles.

C'était contre ma nature, tout ça. La direction me reprochait mon humanité. »

Dans une autre firme, M. J. a assisté au même glissement : « Comme beaucoup de secteurs, que ce soit la restauration ou le gardiennage, ça s'est externalisé il y a une trentaine d'années, petit à petit, comme dans toutes les sociétés. Avant, tout était internalisé. Et c'est, à mon sens, là qu'il faudrait en revenir. »

C'est vrai pour le privé, mais également pour le public, avec un temps de retard. Madame V. est « responsable du service général » dans une université, et à ce titre, elle gère le nettoyage :

Madame V.: Je suis en poste depuis huit ans, et j'ai vu la bascule. On avait plus d'agents fonctionnaires, que des prestataires extérieurs. Maintenant, ça s'est inversé. Mon prédécesseur, qui est resté très longtemps en poste, me disait: «Il y avait 80 personnes qui faisaient le boulot». Maintenant on est 28.

Le rapporteur: Et les 28 sont amenés à disparaître?

Madame V.: Oui.

Le rapporteur: Au fur et à mesure de leur mise à la retraite, et à être remplacés par des prestataires extérieurs?

Madame V.: Clairement, pour toute la partie ménage.

Le rapporteur: Et donc, qui a décidé? C'est le président de l'université, le Conseil d'administration de l'université?

Madame V.: Oui, surtout depuis les dernières lois, les lois LRU, qui ont fait prendre en charge aux universités la masse salariale. «Masse salariale», c'est un gros mot. Il faut baisser la masse salariale, baisser la masse salariale.

Et c'est la même logique que devinent, en filigrane, ces femmes de ménage (en sous-traitance) à l'hôpital d'Amiens.

Le rapporteur: Il n'y a plus d'ASH, d'agents de service hospitaliers, à l'hôpital Nord?

Séverine: Au Nord, il n'y en a plus. Au Sud, il en reste un peu, je crois.

Le rapporteur: Ils les éliminent petit à petit?

Séverine: C'est prévu comme ça. Onet récupère tout. Au début, c'étaient les consultations. Maintenant, il y a des chambres. Ils ont récupéré la laverie, le truc où on fait les inséminations... On reprend bloc par bloc.

Joint par téléphone, Gregory Leduc, longtemps délégué Force ouvrière au CHU d'Amiens confirme: «Au début, ils ont externalisé de façon temporaire: "On fait place à Onet en attendant de déménager. Et puis, le pli était pris, ils ont fait leurs calculs. Les agents des services hospitaliers ont été remis en cuisine, ou ont fait une formation aide-soignante, ou on les a gardées jusqu'à la retraite.»

Grâce à la sous-traitance, le donneur d'ordre peut «gratter» sur tout: «Les ASH titulaires touchent une prime de service chaque année, 700 à 800 euros au début, puis ça augmente avec les échelons. Et il y a l'action sociale: les bourses étudiantes, les chèques culture, les chèques vacances... Tout ça, évidemment, les salariées d'Onet n'y ont pas droit. Sur les horaires, aussi, c'est très différent: les ASH sont de journée, ils font 6 h-14 h, ou 14 h-22 h, ou 9 h-16 h. Tandis qu'on demande aux externes le même travail, mais en trois heures...»

CHAPITRE 4

Pas le temps

« Chez Airbus, témoigne un ouvrier du site de Méaulte, on a la "*moving line*", comme ils appellent ça. Avant, on allait chercher les pièces, c'était lourd, c'est vrai, mais tu respirais un instant. Maintenant, elles t'arrivent au-dessus de la tête, à la bonne hauteur ergonomique il paraît, mais tu enchaînes, tu enchaînes, tu enchaînes. De même, auparavant, le gars avait sa perceuse à quatre mètres, il allait la chercher, ça lui faisait une respiration. Aujourd'hui, avec le "*lean manufacturing*", elle pend devant lui, tout est optimisé, il ne perd plus une seconde. Résultat, il n'y a plus aucun temps de relâchement.

Du coup, avant, les maladies, ça venait vers 50-55 ans. Désormais, c'est descendu à 40-45. Et on a Dédé, 31 ans, il a les épaules flinguées, sept ans au rivetage, avec son pistolet multi-frappe, il est foutu. »

Cette « intensification du travail » pèse énormément sur les salariés. Sur les muscles, mais aussi sur l'esprit.

Dans un magasin Auchan : « Il n'y a plus de temps mort. Ils appellent ça le "modèle organisationnel." Avant, tu gérais un rayon, tu t'occupais des stocks, tu changeais les prix. C'était varié, et tu avais ton territoire : le gars de la crémerie était fier de bien tenir sa partie. Maintenant, tu ne fais plus que du remplissage, dans tous les rayons, de tout le magasin. Tu bourres tu bourres tu bourres. Et un autre passe le soir qui met des étiquettes partout. Chacun sa tâche. Ils nous ont dit, à la présentation, "c'est la fin des temps morts". C'est ça qui m'a le plus marqué. »

Les salariés sont invités, pas seulement à aller plus vite, mais à inventer comment aller plus vite : « Avec les challenges Kaizen, chez Airbus, l'idée, c'est que le premier qui arrive à trouver la meilleure manière d'optimiser son poste de travail remporte un bon d'achat de quarante euros. Alors, il est content sur le moment, il a ses quarante euros, mais derrière il tire vite la langue, parce qu'il n'en peut plus, il n'a plus aucun temps mort.

– Chez Auchan on a un truc un peu équivalent, un accord de performance en cours de négociation. La question, c'est "qu'est-ce que le salarié peut apporter pour optimiser le process ?". Et tu touches ta petite prime d'accord performance si dans ton rayon tu trouves un subterfuge pour aller plus vite. »

La formule revient alors comme un refrain : « On ne respire plus ! »

Ainsi du cariste en logistique : « Avant, on avançait avec les feuilles en main, on allait chercher les marchandises selon son parcours, on cochait la case, on échangeait un mot sur son chariot. Maintenant, casque sur les oreilles, y a un algorithme qui a pensé pour nous, on reçoit des ordres vocaux, A2, OK, B3, OK. On ne respire plus, et le soir, on sort de là, on fait “OK, OK, OK” à notre femme, comme un robot. »

Ainsi de l'infirmière en Ehpad : « Écouter le souvenir d'un ancien ? S'asseoir sur un coin de lit ? C'est fini. Quand la patiente se montre trop bavarde, pour couper court, je tapote sur ma montre, je sors de la chambre à reculons, je cours à celle d'après. On ne respire plus. »

Chez Bigard, dans un abattoir : « Le patron a prévenu : “On a calculé : au fond, votre temps productif, il est de 5 h 30”. Même aiguiser le couteau à la meule, lui, il ne le compte pas comme du productif. Faut qu'on découpe, qu'on découpe, qu'on découpe… On ne respire plus. »

Jusqu'à ce paradoxe, énoncé par une aide-soignante dans un hôpital : « Fumer, c'est mon seul temps de respiration. » Et voilà, ajoute Hervé Naton dans son livre *Pour d'autres jours heureux*, voilà « comment les salariés ont transformé les trottoirs de nos villes, les pieds des tours de bureau, les cours des usines, en lieu où se cultive le "ralentir". Pour les fumeurs, ce temps saisi au vol, en dépit des intempéries, du froid et des canicules, hors de toute directive, est parfois le seul moment de pause au cours duquel des paroles s'échangent. Comment, dans ce cas, les non-fumeurs font-ils pour trouver leur propre temps de "respiration" ? »

Le travail, un travail humain, tenable, c'est comme de la brasse : un mouvement, une respiration, un mouvement, une respiration. Mais c'est devenu de l'apnée : on coule, on coule, on coule, jusqu'à se noyer.

Le « temps mort » est en fait bien vivant : c'est le moment où se reconstitue la force, morale ou physique. C'est dans le « temps improductif » que se noue, au travail, l'humanité, dans un échange, un regard, un geste, un temps humainement productif, qui élève le travail au-dessus des tâches, au-dessus de la production. Le « temps creux » est du temps bien plein. À tuer les « temps morts », on tue en fait le travail, on use le travailleur en accéléré. On use ses épaules, ses genoux, très concrètement. Mais aussi, on use son envie, on instille le dégoût, avec la conviction de « mal faire son travail », toujours en courant, toujours dans la précipitation.

« La multiplication des contraintes pesant sur le travail accroît son rythme, note le sociologue Arnaud Mias, qui se trouve de plus en plus déterminé par des facteurs exogènes : des cadences à tenir, des délais stricts à respecter, des demandes à satisfaire immédiatement, des files d'attente à "gérer", des interruptions fréquentes pour prendre en charge des tâches plus urgentes… Un "modèle de la hâte" s'impose dans les organisations du travail, souvent posé comme collectivement incontestable. »

*

Rappelons les statistiques, citées plus haut : en 1984, 5,8 % des salariés disaient subir « au moins trois contraintes de rythme ». On est à 35,2 % en 2022. 23 % chez les cadres, 30 % chez les employés (administratifs et de la distribution), 50 % chez les ouvriers. S'y est ajouté « un rythme de travail imposé par un contrôle informatisé », qui concerne à nouveau 35 % des salariés, cette fois davantage chez les professions intermédiaires et les employés. « Ne pas pouvoir quitter son travail des yeux » a bondi de 15 % à 43 % en quarante ans (avec un pic à 65 % chez les ouvriers qualifiés).

Cette pression du temps est au cœur d'un malaise moderne, et en particulier d'un malaise au travail. Dans *Accélération et aliénation*, le philosophe allemand Hartmut Rosa note : « Avec l'accélération de la vitesse de la vie, les gens auront l'impression que le temps passe plus vite qu'avant et ils se plaindront que tout va trop vite, ils craindront de ne pas suivre le rythme. Ces impressions semblent avoir augmenté au cours des dernières décennies. Les expériences se compriment, avec une tendance à faire davantage dans une période donnée, en réduisant les pauses et les intervalles, et/ou en faisant plusieurs choses en même temps. » Avec à la clé une dépression pathologique : « Des décélérations, comme des réactions individuelles face à des pressions d'accélération excessives. »

C'est le burn-out, la consomption de soi. Ou c'est l'accident, l'« accident » avec guillemet, comme le réclame Véronique Daubas-Letourneux, chercheuse en santé au travail, dans un entretien à *Mediapart* : « Le terme "accident" renvoie à la notion de hasard. Quand on dit d'un événement qu'il est accidentel, c'est qu'il est, par principe, de nature imprévisible. En réalité, il y a une vraie régularité du risque de se blesser et de mourir au travail ». Et de poursuivre : « Dans les formulaires utilisés pour comprendre le déroulement de l'accident et établir des statistiques, il manque la variable "Je travaillais dans l'urgence" ou "J'ai fait face à un imprévu" ou "J'étais en sous-effectif". Le formulaire prévoit les cas de chute ou de machine non adaptée. C'est bien sûr important, mais j'insiste beaucoup sur des éléments qui relèvent de l'organisation du travail, et même de la division des risques dans cette organisation».

Car oui, cette intensification est passée par une organisation, par un mode de management, et même par une mode du management: le *lean*. Le «maigre», si l'on veut bien traduire. Le «maigre», qui a fait disparaître le gras, la chair, la vie du travail.

LE CAS DE LA LOGISTIQUE : LA PRODUCTIVITÉ CONTRE LA SANTÉ

«Quand je suis entrée dans la boîte, il y a dix ans, on m'a dit: "L'objectif, c'est 150 colis de l'heure. Si tu les fais, t'es un champion." Aujourd'hui, on est à 350. L'intérimaire, le CDD qui ne les fait pas, on met fin à son contrat. Et la prime, elle, elle ne se déclenche qu'à partir de 500.»

C'est la même histoire que racontent, réunis pour une audition «Logistique» à Amiens, les salariés de ID logistics, Auchan Logistique, Amazon et GSA: celle de «cadences qui s'accélèrent», de «on court partout», de «on ne respecte plus les procédures», de «on se blesse, mais il faut continuer, toujours plus vite.»

Avec des conséquences sur leur santé. «On nous fait une formation aux "gestes et postures". C'est très bien. Pour ramasser un colis, je vous montre: on nous apprend qu'il faut bien plier les jambes, les genoux, le prendre comme ça. Mais ça met trois ou quatre secondes. Multiplié par des centaines de fois, avec notre rythme, tu ne peux pas perdre ce temps. Pour la productivité, c'est mort! Et ils ne nous parlent que de ça, la prod, la prod, avec des chiffres!»

C'est par la commande vocale, notamment, que le rythme s'est élevé d'un coup: «On devient des robots! La commande vocale m'a rendu dingue. Quatre cents, cinq cents fois par jour, je dois obéir à une voix dans mon casque. Quatre cents, cinq cents fois par jour, je dois dire "Validé". C'est rentré dans mon cerveau, ça ne me quitte plus. C'est un Ibuprofène par jour.

– Vous travaillez sous médicament?

– C'est obligatoire. Et encore pire avec les ondes, sept heures par jours dans la tête, ça vous déglingue le cerveau. C'est comme si vous téléphoniez sept heures par jour. J'aimerais bien une étude là-dessus.

– On vous a consulté avant la mise en œuvre de cette technologie? Les syndicats ont négocié?

– Pas du tout. On nous a imposé ça d'en haut, soi-disant pour notre "confort", parce qu'on aurait les deux mains libres, on serait plus autonomes. Mais ça nous déshumanise en fait, ça nous isole complètement des autres. Chacun reste dans sa bulle, il n'y a plus d'échange, plus de contact. Je suis inquiet pour certains de mes collègues. Au bout de la journée, on dirait qu'ils ont couru un marathon, ils sont épuisés. Et la fatigue amène des accidents...

– Chez nous, c'est vraiment de la maltraitance qu'on vit. Sur trente départs l'année dernière, il y en avait vingt pour inaptitude. On nous fait porter des pneus de quinze kilos à la main, pour blinder les camions parce que sur palette ils en chargeraient pas assez. Alors on défilme les palettes, on arrache les pneus qui sont rangés en quinconce et qui ont collé entre eux, et on les met dans un camion. Huit heures par jour, quasiment sans pause, tout pour le rendement. Avant on était cinq pour faire un camion, maintenant on n'est plus que deux. C'est du mal de dos, de hanche, des tendinites, des corps brisés à quarante ans.»

Ces caristes, ces manutentionnaires, sont «essentiels», nous a-t-on dit durant le Covid. Eux ont continué à travailler, pour que soient remplis les rayons des supermarchés. Sans leurs bras, ce sont les flux, les flux de marchandises, qui s'arrêtent, et l'économie avec. Et pourtant, quelle «reconnaissance», quelle «revalorisation» ont connu ces métiers? Aucune, rien.

C'est la triple peine, au contraire: d'abord de l'inflation, qui grève leurs petits salaires: «J'ai vingt-cinq ans de boîte, et je suis au Smic. D'habitude, on est à quelques euros de plus au-dessus, le patron s'en vante, du symbolique, mais maintenant, on est rattrapés par le Smic. Je fais un autre boulot à côté, je fais bûcheron, mon temps de travail c'est 70 h.» Ensuite, avec le port des charges de lourdes, évacué des critères de pénibilité: «On a calculé, on porte huit à dix tonnes par jour, mais ça n'est pas pénible! Qu'ils essaient, eux.» Enfin, avec les deux années supplémentaires pour accéder à la retraite. Et à venir, l'employeur qui envoie son médecin chez le salarié pour contester un arrêt...

Quoi, en revanche, quoi de prévu par le gouvernement pour ralentir les cadences? Pour que des négociations précèdent l'arrivée de toute nouvelle technologie? Pour que les salariés ne sortent pas de leurs journées, de leurs années, usés? Pour que la sécurité ne passe pas après, bien après, la productivité? Rien, à nouveau. Le grand vide. Ces professions populaires, nécessaires, sont oubliées, négligées.

CHAPITRE 5

Le *lean* à la française

«La question de l'organisation du travail est souvent ignorée ou sous-estimée dans les politiques publiques en France.» C'est un rapport publié par France Stratégie, en 2020, qui le déplore: comparée à ses voisins, la France se singularise par son degré d'usure au travail. Mais aussi par des modes d'organisation du travail très rigides, très verticaux. Et de regretter: «La France semble toujours friande d'organisations du travail de type "*lean management*", caractérisées par une faible autonomie et une forte contrainte pour les salariés.» La fréquence du *lean management* est chez nous supérieure à la moyenne européenne. Entre 2005 et 2015, «la France a connu une augmentation continue des formes en *lean production*, passées de 22 % à 32 %.»

Dans le même temps, la France progresse peu quant aux organisations du travail « apprenantes », qui se caractérisent par « une forte culture de l'apprentissage », ce qui suppose d'« accroître la participation des salariés dans les processus de décision ».

Le rapport France Stratégie recommande d'« inscrire le développement des organisations apprenantes à l'agenda des réformes ». Pourquoi ? Parce que, toujours selon cet organisme rattaché au Premier ministre, cette faiblesse rend nos entreprises moins capables d'innovation, et donc moins performantes sur le marché mondial. Presser les salariés serait mauvais pour l'économie !

La manie du *lean* expliquerait, en partie, les mauvais classements de la France quant au travail. « Ce sont les salariés de la *lean production* qui connaissent les moins bonnes conditions de travail », alors que « les salariés appartenant au modèle apprenant sont les moins exposés aux risques psychosociaux et aux cadences de travail élevées. »

Pourtant, non seulement nos entreprises persistent dans le choix du « *lean management* », mais pire : elles en font, en plus, une adaptation locale, c'est-à-dire verticale, sévère. Un « *lean* à la française », comme l'évoque l'économiste Jérôme Gautié, un « management par le stress ». Lui a comparé la mise en œuvre du *lean* dans l'aéronautique, en France et en Suède.

Chez nous, « les salariés, y compris les techniciens et les cadres, ont été très peu consultés – du moins dans un premier temps. La mise en place du *lean* s'est faite par l'imposition de procédures relativement rigides et formelles – parfois jusqu'à la caricature. Elle a accru le contrôle de l'ensemble du processus de travail en renforçant notamment la gestion par indicateurs. Dans l'une des entreprises étudiées, un cadre a estimé qu'il devait suivre environ deux cents indicateurs pour gérer l'activité de son département. Cette situation a entraîné une inflation bureaucratique due à l'augmentation des exigences en matière de *reporting*. Conformément aux préconisations du *lean*, des réunions quotidiennes d'ateliers ont été mises en place. Cependant, dans les cas français, les opérateurs se sont plaints que les réunions du matin se réduisaient principalement à la vérification de listes d'indicateurs et à la transmission d'informations de la part de la direction. L'organisation du travail elle-même reste dans une logique taylorienne, dans laquelle les opérateurs n'ont pas l'impression que leurs compétences sont reconnues et valorisées – "vous n'avez pas à penser, juste à suivre les instructions", selon les termes de l'un d'entre eux. »

En Suède, à l'inverse, « indice d'un investissement plus fort dans le capital humain : il n'y a pratiquement pas de travailleurs intérimaires dans les entreprises suédoises, alors que leur part chez leurs homologues françaises est élevée (au moins 25 % des opérateurs, ce taux pouvant grimper jusqu'à près de la moitié à certaines périodes dans certaines entreprises). » Le syndicat de l'industrie manufacturière, Metall, a investi le *lean*, l'a détourné, pour « promouvoir le "système sociotechnique" (STS), qui met l'accent sur la démocratie au travail, fondée sur l'autonomie et la participation des travailleurs. » Avec, là-bas, une « moindre distance – ne serait-ce qu'en matière de qualification – entre les encadrants et les encadrés. » Alors que chez nous, existe une « distance hiérarchique mais aussi sociale entre les "sachants", issus de grandes écoles d'ingénieurs ou de commerce, et les subalternes, dont on attend avant tout qu'ils exécutent. Au final, dans notre pays, domine "le paradigme de la planification et du contrôle", alors que le "paradigme du processus et de l'apprentissage" est beaucoup plus répandu en Suède et plus généralement dans les pays nordiques. »

D'où « un "*lean* à la française", caractérisé notamment par une organisation très centralisée et hiérarchique (*top down*) avec des procédures laissant peu de place à l'autonomie et à la participation des salariés, et se traduisant par une intensification du travail. Cette culture managériale technocratique n'a pas seulement pour conséquences la frustration et la perte de sens du travail des "opérationnels". Elle empêche l'émergence d'organisations apprenantes qui sont la condition d'une "organisation innovante", que l'Organisation de coopération et de développement économiques (OCDE) définit comme "un environnement de travail qui fournit un terrain propice aux innovations." »

CHAPITRE 6

Une nouvelle bureaucratie : les planneurs

C'est une transformation, majeure, de l'organisation. Dans le « *lean* », bien sûr, mais en vérité partout, jusque dans les services publics : le « management de proximité » est remplacé, suppléé, par un « management désincarné ». C'est-à-dire, des hommes, des femmes, très éloignés du travail réel, bien à distance, mais qui, par des objectifs, des process, des tableaux Excel, dictent leurs règles via des « dispositifs » : ce sont les « planneurs », comme les nomme la sociologue Marie-Anne Dujarier.

On ne peut que citer longuement, très longuement, son article, tant elle met à nu la violence subie par le « travail réel » :

« Les concepteurs de dispositifs sont en effet chargés de penser la tâche sans la faire, à l'intention de celles et ceux qui sont supposé·es la réaliser. Présent·es dans toutes les grandes structures, ces sala-rié·es de grandes organisations sont rattaché·es à la direction générale qui soutient leurs projets, ou bien consultants pour elle. Diplômé·es à un niveau bac + 5 d'écoles et universités sélectives, ces cadres sont situé·es à distance fonctionnelle, temporelle, sociale mais aussi topographique, des opérationnels dont l'activité est encadrée par leurs dispositifs. Cette distance fonde leur mandat et leur légitimité professionnelle. Elle leur permet de voir les choses et les gens de haut, en « plan », c'est-à-dire à la fois de manière globale, lointaine, abstraite et rationnelle. Aussi, nous proposons de les dénommer par le néologisme de "planneurs", pour les distinguer des cadres de proximité ou de celles et ceux qui travaillent dans la recherche et développement. D'après notre enquête, les planneur·euses ont pris une place importante : ils seraient désormais 40 % des cadres en France.

Cette forme d'encadrement comporte de fortes incidences sur le travail réel et vécu des hommes et femmes qui doivent penser, agir et vivre quotidiennement avec des dispositifs. Or, elle est l'objet d'une critique sociale étendue.

Dans le management via les dispositifs, les tâches, leur organisation et évaluation sont conçues de manière générique, hors de la situation réelle, et avant qu'elle n'ait lieu, par des personnes qui en sont éloignées. Employé·es et consommateur·rices doivent alors faire un effort de traduction : décrypter le vocabulaire des concepteur·rices et sa signification, rentrer dans leur logique, constater que les valeurs et le sens de l'activité imposés par ces dispositifs heurtent parfois les leurs. Que l'on soit un·e médecin hospitalier·e soumis·e au système de la "tarification à l'acte" (T2A), un guichetier·e dans une agence de location de voitures ou un·e cadre de proximité dans la pétrochimie, il faut arriver à comprendre ce que ces dispositifs exigent, nomment, mesurent, valorisent, pour arriver à produire avec eux, mais aussi pour tenter de les contourner.

Lorsque la situation concrète et la ou le client·e (patient·e ou usager·e) se présentent tels que les concepteur·rices l'ont imaginé, "ça roule", entend-on dire. Mais ce cas est rare : dans un hôpital, une multinationale ou une usine, de même que dans une classe d'école, une banque ou un aéroport, les client·es et usager·es sont infiniment varié·es et leurs demandes régulièrement subtiles, partiellement implicites et polymorphes ; les aléas sont nombreux, qu'ils concernent le fonctionnement des machines et outils, les effectifs réellement disponibles, la santé ou le climat. Celles et ceux qui doivent travailler avec ces dispositifs observent que ceux-ci sont régulièrement "à côté de la plaque". Un commentaire fuse alors régulièrement, teinté de colère : celles et ceux qui les ont inventés ne connaissent pas le "réel" ; ils "plannent complètement". Les objectifs à réaliser, les catégories de pensée et d'action, les étapes de réalisation comme les méthodes de contrôle s'avèrent maladroits en situation. Ils sont alors jugés, non sans émotion, peu efficaces, ou même source d'un grand gâchis – de temps, d'énergie, d'intelligence, de matière et même d'argent.

Cette critique sociale est quasi unanime – jusque et y compris chez les planneur·euses eux-mêmes, lorsqu'elles et ils doivent travailler avec les dispositifs conçus par d'autres. Or, dans ce mode d'encadrement, du fait de la distance topographique, organisationnelle et sociale, il n'est pas possible d'interagir avec les prescripteurs. Les objectifs, même inatteignables, les procédures mêmes contreproductives, comme les discours lénifiants sur la "conduite du changement" deviennent indiscutables.

Face à un dispositif, il n'est pas possible de contester, d'arranger, d'arrondir ou d'inventer des manières de faire autrement. C'est ce qu'expriment les insultes ou même petites claques infligées de manière si dérisoire à des ordinateurs, par exemple, lorsqu'ils imposent les finalités et modalités de l'action humaine, avec maladresse ou injustice. La renormalisation et la régulation au fil de l'activité sont ici déniées. À ceci s'ajoute l'expérience d'être sans cesse entravé, voire d'être contraint à mal travailler comme à tricher avec le système, aux dépens de l'efficacité et de la qualité.

Enfin, ce management par les dispositifs exige un (auto)contrôle croissant. De plus en plus, les employé·es doivent rendre compte sous des formes quantifiées : ils et elles doivent renseigner des tableaux, cocher des cases, mesurer des ratios. Ce *reporting* chronique, à tous les niveaux, est vécu comme une tâche supplémentaire, fastidieuse, qui vient mordre sur le temps dédié au "vrai travail", c'est-à-dire à la production elle-même. Cette nouvelle bureaucratie néolibérale diffusée au nom de la productivité et de "l'excellence" réduit l'efficacité, la justesse et la performance, d'après celles et ceux qui l'expérimentent. Cette situation est vécue comme insensée et pathogène : "on est fous de travailler comme ça", "on va péter un câble", etc. Autant d'expressions qui établissent un lien entre l'activité ainsi encadrée par les dispositifs et la santé.

Ce management désincarné contribuerait donc à produire ce que les enquêtes quantitatives sur les conditions de travail mesurent : l'intensification de l'activité, la perte d'autonomie alliée au déficit de soutien de proximité, la difficulté à produire un sens dans son emploi, l'importance des maladies professionnelles, etc. Bref, une dégradation des conditions sociales pour déployer une activité sensée dans l'emploi. »

Ces « dispositifs », cette nouvelle bureaucratie, entravent ainsi le travail réel. Les travailleurs s'y heurtent, et s'y blessent.

Mais c'est toute la société qui est aux mains de « planneurs ». Ainsi, le sociologue Olivier Godechot, dans un article consacré à « des lieux de travail de plus en plus ségrégés », relève : « La séparation au travail des salariées du haut et du bas de la hiérarchie est devenue telle aujourd'hui que les personnes les plus impliquées dans ces réformes (ministres, membres des cabinets, conseillères, économistes, consultantes, etc.) sont très mal connectées aux salariées du bas de la hiérarchie, que ce soit directement par leur travail actuel ou passé, ou indirectement par celui de leurs proches. À cette méconnaissance des salariées du bas risquent de s'ajouter des formes d'incompréhension et un manque d'empathie. Ainsi en est-il de réformes qui demandent aux salariées des efforts mais qui risquent d'affecter davantage les personnes placées en bas de la hiérarchie salariale. »

La réforme des retraites pouvait-elle être conçue par autre chose que des « planneurs », très éloignés du travail concret, et lui faisant pourtant la leçon ?

LE CAS DES CIMENTERIES : L'ÉCOLOGIE SANS DÉMOCRATIE

« On est en grève depuis un mois, pour notre santé, pour pas crever, et où est l'État ? Nulle part. Qu'est-ce qu'il a fait ? Rien. Le député d'ici, Charles de Courson, a proposé sa médiation, que l'entreprise a refusée. L'inspecteur du travail a également proposé sa médiation, refusée. Mais le préfet, le sous-préfet, en vingt-neuf jours, pas une fois ils ne sont venus, jamais ils ne sont intervenus. Pour nous aider à sortir par le haut, les services compétents de l'État ne sont pas là. Jamais on n'a reçu un coup de fil, un appui, du ministère. Parce qu'on est trop loin de Paris ? L'État nous a abandonnés. Pour eux, on n'existe pas. »

En ce mois d'octobre 2023, les 104 salariés en grève de la cimenterie Calcia, à Couvrot, luttent non pas pour leurs salaires, mais pour leur santé, pour que des morts soient évitées.

« Ils ont changé deux ventilateurs pour moins consommer d'énergie, mais sans nous consulter. Du coup, les nouveaux ventilos ne sont pas assez puissants. Normalement, ils doivent refroidir le clinker, le ramener à 80 °C. Là, il sort parfois à 400 °C. Ça veut dire quoi ? D'abord, que ça détériore les bandes transporteuses, les tapis, derrière. Ça, c'est juste du matériel. Mais il y a des humains, aussi, il y a nous : le clinker pas cuit, c'est comme de la lave en fusion, ça déborde du four, ça vient par vague, et nous, on vit maintenant avec ce risque-là.

– Lorsqu'il y a un bourrage comme ça, nous, les mécanos, on bouffe du CO (monoxyde de carbone), on bouffe des gaz nocifs, qu'on ne connaît pas… On a réclamé qu'il y ait des analyses, ils refusent. Et dans les gaz, quand ça se produit, ça fait comme de la farine, mais très dense. Notre collègue à un mètre, on ne le voit plus. Il faut trouver la sortie, dans ce brouillard, et on se dit quoi? “Je ne veux pas crever, je ne veux pas crever... Je ne veux pas qu’on rajoute mon nom, sur la stèle des morts, à côté du bureau de la direction...” Voilà ce qui me passe par la tête. Quand tu es au milieu de la tour, que ça t’arrive, tu es comme une souris prise dans la nasse. C’est l’angoisse. Là, en toi, tu dois chercher l’énergie de la survie, te battre pour en sortir, tes jambes tremblent. Et c’est bien pire depuis le rachat, bien pire depuis les travaux effectués. Les accès ont été changés. Les procédures d’évacuation, elles sont effacées, oubliées. Il y a un vrai laisser-aller.

– Mais tu as demandé tout ça?

– Bien sûr, depuis 2019, je me bagarre. La direction me répond: “C’est en cours”. Sans doute, mais c’est long...

– Et vous avez été consultés, avant les nouvelles installations?

– Non, pas du tout, à aucun moment. Alors que la sécurité, c’est notre affaire à tous. On veut retrouver nos familles le soir, rester entiers...»

Voilà pour le vécu.

Maintenant, qu’on élargisse le cadre: que se passe-t-il chez Calcia?

D’abord, un changement financier: depuis 2016, ces neuf cimenteries françaises appartiennent au géant Heidelberg Materials, numéro 2 mondial. Deux fours arrêtés, trois PSE, un site fermé, 162 postes supprimés.

Ensuite, un changement industriel: les cimenteries, grandes pollueuses, grandes émettrices de CO_2, doivent répondre à des normes environnementales. C'est toute la production qui est bouleversée. Ainsi, les fours brûlent désormais des déchets variés, plastiques, sciures imprégnées, pneus, ils servent en fait d'incinérateurs. Ce qui produit bien plus d'arrêts, de bourrages. Ce qui réclame bien plus de maintenance. Ce qui transforme, intensifie les métiers.

Enfin, un changement managérial : les décisions ne sont plus prises par l'encadrement d'ici, de proximité. Elles arrivent de loin, « de tout en haut », par des personnes ignorant le travail réel, vu à travers des tableurs Excel, avec des calendriers intenables, des process jamais testés, des objectifs chiffrés. Et un nouveau directeur est arrivé pour cette mise au pas.

C'est ainsi que « la nouvelle organisation » s'est mise en place, sans une véritable discussion avec les salariés, sans qu'ils y soient associés.

« Ils nous ont dit : "Ne vous inquiétez pas, ça marche tout seul !" Eh bien non. Notre vieux matériel avait ses défauts, mais on le connaissait, et on continue à le faire tourner. Mais en même temps, il faut qu'on se mette au nouveau process, des chaînes modernes, avec plus d'automatisation, pour des anciens d'ici, passer à l'écran, à l'informatique, ça demande des compétences, une formation. Mais non, c'est débrouille-toi. Alors, les gars, ils rentrent chez eux, démoralisés, ça pèse. Pour des salariés qui ont des années de métier. Moi-même, ça fait dix-sept ans que je travaille ici, je suis toujours venu avec le sourire : je le perds. »

« L'atelier combustible, une belle installation, ils nous ont pondu ça, ils nous ont dit : "Vous appuyez là et ça démarre." On devait aller tellement vite, c'est même pas qu'on a bâclé les tests: on n'en a pas fait. On a remplacé les automates sans faire suffisamment d'essais. Du coup, qu'est-ce qui se passe? Ça bloque tout le temps. Des tas de petites erreurs, qu'on aurait pu modifier, éviter, eh bien là, on doit faire avec, et pour longtemps: parce que c'est un feu continu, on ne va pas l'éteindre pour corriger. La dernière boulette, théoriquement impossible, c'est que le grappin a attrapé la benne du camion!»

«Le responsable de secteur, on ne le voit plus sur le terrain. Et quand il descend, c'est pour nous mettre la pression. Pour nous rappeler les objectifs de production. Mais c'est pas lui qui va mettre son nez dans les machines toute la journée pour débourrer! Même si je comprends que, à lui aussi, on lui met la pression, que ça tombe d'en haut, avec leurs objectifs financiers. Et nous, en bas, on court, on court, toujours dans la précipitation.»

C'est maintenant scientifiquement prouvé, mesuré dans toutes les études statistiques: transformer le travail sans les travailleurs, c'est source d'un mal-être. Les risques psychosociaux sont alors démultipliés. Le salarié est nié dans son savoir-faire, dans son expérience, nié tout court, comme s'il ne valait rien, comme s'il n'existait pas.

Et c'est bien ainsi que ça s'est produit chez Calcia.

Avec, du fait des bouleversements, des accidents physiques, doigt écrasé, cheville tordue. Mais avec, aussi, des troubles psychiques, insomnies, dépressions, «les copains craquent».

«Le pire, c'est que non seulement notre direction engendre ces malaises en série, mais en plus, elle conteste à tous les coups les arrêts maladie. Elle envoie ses médecins pour vérifier. Et la Carsat approuve ça ! C'est d'ailleurs la seule présence de l'État… »

La nuit tombe, doucement.

Un dernier salarié sort des rangs : « Moi je voudrais ajouter une chose : l'État, il a su nous trouver pour brûler les farines animales. Là, les services vétérinaires, ils ont trouvé notre adresse, et pour nous assurer que non, ce n'était pas dangereux. Même si les collègues vomissaient quand ils intervenaient. Et aujourd'hui, l'État a perdu notre adresse. »

La sécurité au travail, la santé, ça n'est pas qu'un spot télé. L'État a une autre responsabilité que de payer des publicités. Quand un conflit surgit ainsi, sur ce sujet, quand il dure 29 jours, et même s'il ne durait qu'une journée : l'État doit y mettre son nez. L'État doit rétablir la balance, peser pour la Justice, entre la fragilité des salariés et la toute-puissance du capital.

Surtout, l'État, par des lois, doit confier un rôle aux salariés dans l'entreprise, une place dans la décision. Que l'organisation de leur travail, de leur propre travail, ne soit pas bouleversée, formatée d'en haut par des planneurs – qui ignorent tout du travail réel.

CHAPITRE 7

Le retrait des salariés (et des syndicats)

Pourquoi ce mal-travail à la française ?

C'est de la faute, d'accord, à notre « culture scolaire », très hiérarchique, qui trie, sélectionne, élimine, qui forme une élite, des « sachants », sachant tout, et décidant d'en haut. Soit. Mais c'est le fait, aussi, du retrait des salariés, de leurs représentants.

« Force est de constater, regrette le sociologue Jérôme Gautié, que les syndicats n'ont que tardivement investi les questions de conditions et de qualité de vie au travail, sans interroger en amont les formes d'organisation, mais mettant plutôt l'accent sur la négociation, en aval, des compensations au niveau du salaire et/ou du temps de travail. » Aussi, « il était illusoire de penser pouvoir promouvoir la figure positive du travail dans le cadre du capitalisme existant. En attendant la révolution, la priorité était donc de limiter les aspects négatifs du travail, en essayant, certes, de contrecarrer son intensification, mais en négociant aussi des compensations salariales et en tentant de réduire au maximum son emprise sur la vie personnelle, en promouvant la réduction du temps de travail et l'abaissement de l'âge de la retraite. Cette stratégie s'est inscrite dans le cadre d'un compromis fordiste où l'employeur conserve seul la prérogative de l'organisation du travail, les syndicats ne pouvant agir que de façon défensive et/ou compensatrice pour en limiter les conséquences négatives. » Et cette conception demeure pour partie : « L'Accord national interprofessionnel "Vers une politique d'amélioration de la qualité de vie au travail et de l'égalité professionnelle" de juillet 2013 précise que "l'organisation du travail est de la seule responsabilité de l'employeur" (article 12), l'intervention des salariés et de leurs représentants se limitant aux "modalités de mise en œuvre de l'organisation du travail". »

Voilà ce qu'il s'agit de contester, désormais, de discuter, de partager : « l'organisation du travail » elle-même.

Jusqu'ici, c'est plutôt le grand silence.

Comme le notent les économistes Thomas Coutrot et Coralie Pérez dans leur ouvrage *Redonner du sens au travail*, « l'enquête française sur les conditions de travail mais aussi des enquêtes sur de plus faibles échantillons et procédant par entretiens, l'avaient déjà mis en évidence: les travailleurs français accèdent peu à la parole dans leur travail. Ils sont très peu consultés avant que des objectifs de travail leur soient fixés et ne peuvent que rarement influencer les décisions qui sont importantes pour leur travail.» Moins, en tout cas, que nos voisins.

À QUELLE FRÉQUENCE ÊTES-VOUS CONSULTÉ-E-S
AVANT QUE DES OBJECTIFS DE TRAVAIL VOUS SOIENT FIXÉS?
POUVEZ-VOUS INFLUENCER LES DÉCISIONS
QUI SONT IMPORTANTES POUR VOTRE TRAVAIL?

%	France	Allemagne	Danemark	Pays-Bas	UE27
Consulté-es	51,1	55,8	63,6	62,8	56,7
Influencer	52,9	67,9	67,6	65,8	59,9

Source: Eurofound, vague 2021.

Or, cette parole, c'est un gage de santé.

C'est un facteur décisif que relève la Dares (dans son analyse de mars 2023). Les changements organisationnels (modification de la nature du poste ou des techniques utilisées, restructurations, déménagement, etc.) rendent aux salariés le travail «insoutenable». Sauf s'ils sont eux-mêmes associés aux changements: «La participation des salariés aux modalités des changements intervenus réduit l'impact sur l'insoutenabilité du travail. Ainsi, connaître au moins une modification de l'environnement de travail sans information ni consultation préalable accroît la probabilité de continuer de juger son travail insoutenable (+12 %). Cependant lorsque le salarié reçoit une information suffisante et adaptée concernant ce changement, ou lorsqu'il est informé et consulté lors de sa mise en œuvre, l'effet est réduit (+ 6 points et + 4 points respectivement).

Enfin, quand le salarié juge avoir eu de l'influence sur la mise en œuvre du changement, l'effet s'inverse même : la probabilité de sortir de l'insoutenabilité augmente de 6 points par rapport à une situation d'absence de changement. »

ÉVOLUTION DE LA PROBABILITÉ DE CONSERVER UN TRAVAIL NON-SOUTENABLE À TROIS ANS D'INTERVALLE SELON LES MODIFICATIONS ORGANISATIONNELLES MISES EN PLACE PAR L'EMPLOYEUR AU COURS DES DOUZE DERNIERS MOIS

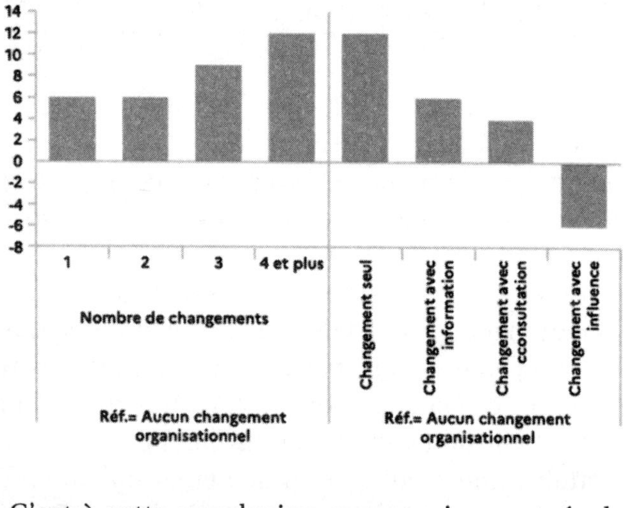

C'est à cette conclusion que parviennent, également, les économistes Thomas Coutrot et Coralie Perez : « Le risque d'entrer en dépression est multiplié par deux pour les personnes dont le travail perd son

sens. [...] Les causes de cette perte de sens du travail sont à chercher dans les grandes évolutions managériales des quarante dernières années, en particulier le management par les chiffres. [...] Les réorganisations permanentes (*reengineering*, révision générale des politiques publiques, modernisation de l'action publique, etc.) sont des signaux envoyés par les dirigeants d'entreprise ou les hauts fonctionnaires aux marchés financiers pour les assurer de cette recherche inlassable d'optimisation.

Tout se passe alors comme si le "travail mort" – les objectifs, les procédures, les équipements et logiciels etc. – prenait le dessus sur le "travail vivant", l'ingéniosité, l'engagement subjectif, la sensibilité des travailleuses et des travailleurs. C'est l'irréductible liberté nichée au cœur du travail qui fait de ce dernier un enjeu politique majeur. »

Mais eux apportent un remède : quand les salariés sont « consultés et écoutés », quand leur avis « influence le changement », le sens au travail revient. Plus fortement, même, que pour les travailleurs qui n'ont pas vécu de changement.

C'est cette parole qu'il s'agit désormais d'imposer : que les travailleurs puissent « influencer » leur propre travail, le discuter, le modifier. Que la discussion, l'échange, deviennent la loi, la règle, une obligation, et non plus que ces dernières se fassent au bon gré des bons managers dans les bonnes organisations.

POURCENTAGE DE SALARIÉ-ES AYANT UN FAIBLE SENS DU TRAVAIL EN FONCTION DES OBJECTIFS CHIFFRÉS ET DES CHANGEMENTS AU TRAVAIL

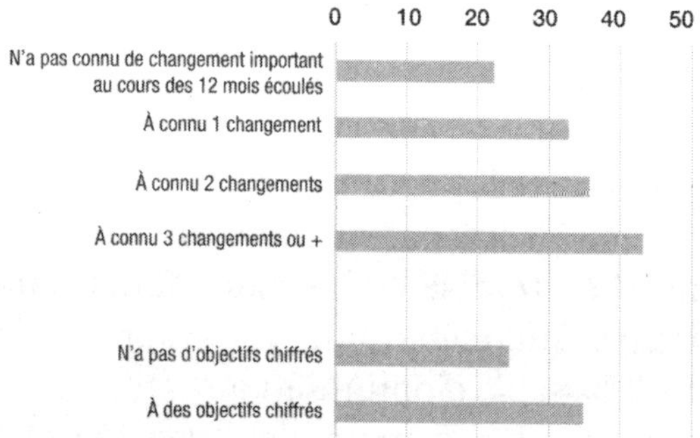

Lecture : parmi les salariés·es qui n'ont pas connu de changement important dans leur travail au cours des 12 derniers mois, 22 % trouvent peu de sens à leur travail (c'est-à-dire qu'ils appartiennent au 1er quintile du score de sens).

Sources : enquêtes Conditions de travail-Risques psychosociaux 2016, Dares-Insee, salariés tous secteurs (N= 19 685).

POURCENTAGE DE SALARIÉ-ES AYANT UN FAIBLE SENS DU TRAVAIL EN FONCTION DE LA PARTICIPATION AUX DÉCISIONS

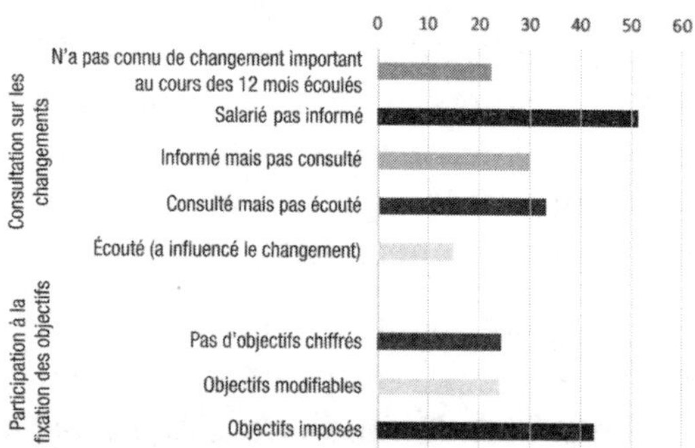

Lecture : parmi les salariés qui n'ont pas d'objectifs chiffrés dans leur travail, 24,4 % trouvent peu de sens à leur travail.

Sources : enquêtes Conditions de travail-Risques psychosociaux 2016, Dares-Insee, salariés tous secteurs (N= 19 685).

DEUXIÈME PARTIE

LES COÛTS CACHÉS DU MAL-TRAVAIL

CHAPITRE 8

L'épidémie d'inaptes

« Des inaptes, on en a au moins un ou deux par mois, des comme ça, de tous les âges. Maintenant, c'est dehors presque direct, sans reclassement. C'est la double peine : le boulot les fait souffrir, et on les vire à cause de ça. »

Contre la retraite à 64 ans, ce jeudi, le rond-point de l'Oncle Sam bien bloqué, avec des barricades de pneus sur la chaussée, des barnums sur la pelouse pour le café, et notre équipe de Picardie debout qui entame un karaoké.

« La médecine du travail, nous-mêmes, on conseille aux gars de rien dire, me raconte un FO Goodyear-Dunlop.

– Pourquoi ?

– Eh bien, si le salarié leur avoue qu'il souffre du dos, comme moi, ou des épaules, ou des genoux, ou de n'importe quoi d'autres, le médecin fait quoi? Il recommande un poste adapté. C'est son boulot. Le gars revient avec son papier, sauf que la direction répond: "Des postes adaptés, il n'y en a plus..." Et du coup, ils le licencient pour inaptitude. 'Faut souffrir en silence. Moi, je me suis fait opérer quatre fois du dos, mais sur mes vacances. Je ne le dis pas dedans.

– C'est pareil pour moi: j'attends la retraite pour passer sur le billard.»

Des «inaptitudes», nous en avions déjà rencontrées, et même en série, lors de notre rapport sur les auxiliaires de vie: ainsi s'achevait bien souvent leur carrière. Mais durant ce conflit sur les retraites, au vu des témoignages recueillis, cela ressemblait à une épidémie.

D'où la table ronde que nous avons organisée, ce printemps, à notre permanence.

Chez Auchan Logistique, un délégué nous détaillait la procédure: «Ça se passe toujours de la même façon. L'employé va voir le médecin du travail, le médecin fixe des restrictions. Dans la majorité des cas, la direction ne les prend pas en compte. L'état de santé de l'employé s'aggrave et ça se termine en déclaration d'inaptitude, sans passer par une commission de reclassement. Derrière, c'est le licenciement, le chômage et en fin de course le RSA. Leur but, c'est de pousser les gens à bout, de les user jusqu'à ce qu'ils partent d'eux-mêmes. C'est ce que nous disent tous les salariés : "Autant que je parte !". Les restrictions ne sont plus du tout respectées. Chez nous, on a eu seulement un cas de reclassement en treize ans. »

Une déléguée syndicale de Verrescense : « Avant 2016, il y avait deux passages devant la médecine du travail. On rencontrait la personne, il y avait un premier entretien, on essayait d'arranger les choses, de lui proposer des moyens de rebondir. Alors que là, depuis les lois El Khomri, quand les gens arrivent jusqu'à nous, c'est trop tard, on a aucun pouvoir, le délai est beaucoup trop court, on ne peut pas proposer d'alternatives »

Un délégué syndical d'Airbus : « Pour obtenir un reclassement, c'est très compliqué. Par exemple, un mécano avait d'énormes soucis de santé, sur tout le haut du corps. Mais, pour pas se faire mal voir de la direction, il refusait de remplir sa déclaration de maladie pro. Il a fini par aller voir le médecin du travail, qui a conclu qu'on ne pouvait pas le reclasser dans son métier. Maintenant, il est au RSA.

Alors que normalement, dans la théorie, le médecin doit regarder dans tout le secteur, toutes les "boutiques" du groupe, et pas sur un seul métier. Il doit mener une enquête pour identifier les possibilités de reclassement. L'inaptitude, c'est quand tu as épuisé tous les autres recours, en principe. Sauf que là, le médecin laisse l'entreprise faire ce boulot à sa place. Et lui enchaîne les licenciements pour inaptitude. Il faut dire que chez nous, l'infirmerie est très liée aux RH, ils sont côte à côte.»

«INAPTE: lorsque je regarde la définition dans le dictionnaire, je lis un manque de qualités, de capacités nécessaires», relève Éric Collenne, auteur de *La Méthode Michelin, comment rendre les salariés inaptes au travail.* Et il poursuit: «Je remarque que la signification a évolué au cours du temps. Dans l'Antiquité romaine, les sourds-muets étaient identifiés de la sorte, par la suite ce fut le cas des sorcières puis des malades mentaux, et enfin cela a justifié l'extermination des juifs par les nazis. Parmi les synonymes de ce mot, je repère les suivants: "incapable", "impuissant", "malade", "débile". Des termes qui réchauffent le cœur. Pourtant, je ne suis pas rentré dans l'entreprise dans cet état. J'avais même l'impression d'avoir toute ma tête, d'être en pleine possession de mes moyens.»

«Inapte», au fond, le mot renverse la faute: c'est le salarié qui est inapte, et non son entreprise qui le rend inapte. C'est porté comme une insuffisance, comme une honte personnelle, alors que ce devrait être une honte sociale, l'insuffisance de nos organisations.

*

Ces inaptitudes sont les rebuts du mal-travail. De la poussière, poussière d'humains, mise sous le tapis, invisible. Eux sortent du travail, sans statut, sans revenu. Et ils ne sont même pas comptés ! Unanimes, nos interlocuteurs réclament au moins « une vraie évaluation » afin que « ces problèmes soient rendus visibles ».

La Cour des comptes elle-même, en 2022, souhaitait que « des données ayant trait à l'inaptitude, à l'absentéisme, aux démissions, aujourd'hui mal connues, aident à affiner la connaissance et à choisir des priorités au plus près des risques et des activités. »

La sociologue Frédérique Barnier s'étonne : « Étrangement, il n'existe aucun chiffre national consolidé du nombre d'avis d'inaptitude. »

L'étude IODA, réalisée en Occitanie, lève un coin du voile. Sur un million de travailleurs suivis, 8 366 sont déclarés « inaptes » au cours de l'année. La France comptant 27 millions de salariés, dont 21 millions dans le secteur privé, nous pouvons opérer une règle de trois : ce serait aux alentours de 216 000 personnes – dont 170 000 dans le privé – qui, chaque année, seraient déclarées « inaptes ».

Interrogé, le ministère du Travail nous propose, non pas une statistique fiable, fabriquée, vérifiée par ses services, mais plutôt d'« avoir du recul » grâce à l'« échantillon de Présanse ». Après une visite sur son site, « Présanse est l'organisme représentatif des 200 Services de prévention et de santé au travail inter-entreprises (SPSTI) de France », qui suit « 1,5 million d'employeurs » et « 15 millions de salariés ». D'après Présanse, donc, pour 2021, 113 800 salariés furent déclarés inaptes. Avec une règle de trois, à nouveau, cela nous fait, chaque année, 203 000 inaptitudes déclarées dans le pays, dont 160 000 dans le privé.

Il est impératif que ces données soient précisées, consolidées. En attendant, nous pouvons estimer que, a minima, 160 000 salariés sont déclarés inaptes chaque année, sans doute aux alentours de 200 000 avec le public, et il faudrait y ajouter les indépendants. Là encore, tous les chiffres sont manquants.

Quant aux licenciements, maintenant.

Selon IODA, les deux tiers des salariés déclarés inaptes sont licenciés. D'après une étude en région Normandie, ils seraient 98 %. Et le ministère du Travail nous dit, s'appuyant sur Pôle emploi : en 2022, 101 192 licenciements pour inaptitude. Donc, à coup sûr, plus de 100 000, estimation vraiment la plus basse, la plus modeste. 100 000, ce chiffre devrait faire scandale. 100 000, c'est ma ville d'Amiens licenciée en un an ! 100 000, c'est plus que les employés en France de Renault et Stellantis réunis ! 100 000, c'est le plus gigantesque des plans sociaux, un plan social invisible, silencieux, muet. C'est même pire qu'un plan social : ces 100 000 salariés, environ, sortent du travail blessés ou broyés, au physique ou au moral. Et il y a fort à parier que, derrière, retrouver un emploi, s'y épanouir, ne sera pas chose aisée.

Pourquoi ces inaptitudes ne sont pas comptées, pas chiffrées, pas étudiées ? Parce qu'elles sont les preuves vivantes, accablantes, du mal-travail, du mal au travail à la française. Parce qu'elles en sont les dégâts manifestes, évidents, avec un coût humain, économique, énorme.

Ces inaptitudes doivent passer de l'ombre à la lumière. De point aveugle, elles doivent devenir le point central. Car elles sont tues, en vérité, comme l'est le mal-travail. Les combattre, œuvrer à les diminuer, c'est affronter le mal-travail.

Dès lors, il nous paraît impératif que, a minima du minima, ces salariés inaptes soient recensés, connus statistiquement. Et nous réclamons que le gouvernement nous éclaire, lance une mission : qui sont ces travailleurs, ces travailleuses ? Dans quels secteurs ? Quelles sont les causes ? Que deviennent-ils, elles ?

À la place de quoi, le ministère du Travail ne semble guère s'en soucier. Non seulement il ne dispose pas d'une statistique solide, non seulement il ne propose aucune évaluation nationale, mais le message qu'il nous a adressé minore cette hémorragie.

D'abord, nulle part, même pas en une phrase, il ne relève la gravité de ces données.

Ensuite et surtout : il note simplement « pas de hausse des délivrances d'inaptitudes ». Comme si ce n'était pas déjà à un niveau élevé ! Et alors que, en vérité, leur nombre a plus que doublé ! En 2012, il y a dix ans, 43 320 inscriptions à Pôle emploi se faisaient pour cette raison, désormais 101 192 : soit +134 % ! +134 %, et pourtant : « pas de hausse », d'après le gouvernement !

INSCRIPTIONS À PÔLE EMPLOI POUR CAUSE D'INAPTITUDE

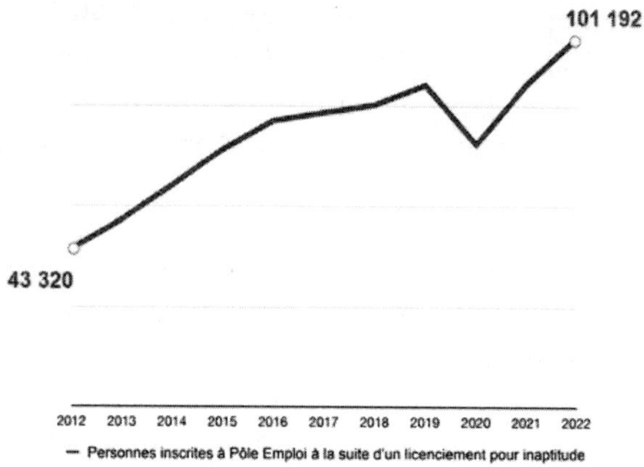

SOURCE : FNA PÔLE EMPLOI DARES MMO.

C'est dire combien le combat contre ces inaptitudes n'est pas livré, pas engagé. Combien, au contraire, nos dirigeants s'en accommodent : ils ont choisi le mal-travail et désormais, devant les dégâts, il faut regarder ailleurs.

*

Pour mieux connaître ces « inaptes », on en est réduit à l'Occitanie. D'après l'étude IODA, « 80 % sont ouvriers ou employés, avec un âge médian de 47 ans, 56 % de femmes. Les maladies les plus fréquentes sont, à égalité, des "pathologies de l'appareil locomoteur" (lombalgie, sciatalgies, etc.) et les "troubles mentaux et du comportement", dépression notamment. Pour au moins les deux tiers des déclarations d'inaptitude, l'employeur a été dispensé de reclasser le salarié dans l'entreprise en raison de son état de santé et ces inaptitudes ont donc conduit au licenciement. »

Quant aux secteurs touchés, on les trouve, avant tout, dans les « métiers d'ouvrier ou d'employé confrontés à des contraintes physiques intenses (aide à domicile, coiffeur, ouvrier gros œuvre du bâtiment), des horaires atypiques (ambulancier, employé de l'hôtellerie, chauffeur routier), des contraintes de rythme de travail (ouvrier de production agro-alimentaire ou de la confection, standardiste) ou à une forte demande psychologique associés à une faible latitude décisionnelle (employé de commerce, agent de sécurité, coursier). De plus, certains de ces métiers cumulent plusieurs de ces contraintes (aide à domicile, employé de l'hôtellerie). »

Retraçant l'histoire de cette « inaptitude », et suivant en entretien des « inaptes », la sociologue Frédérique Barnier s'interroge : « L'inaptitude au travail, dispositif de protection ou de relégation des salariés ? » (*Revue de sciences humaines*, 2019)

« Le licenciement pour inaptitude vient toujours clore un parcours long et complexe, qui commence par une atteinte à la santé, et qui est ensuite ponctué d'arrêts maladie (longs ou fréquents), engendrant parfois isolement et conflits, mais aussi des retours plus ou moins réussis. Ce dispositif, dont l'origine remonte au XIXe siècle, serait de plus en plus utilisé dans le contexte actuel, marqué par le vieillissement de la population active, le recul des âges de départ en retraite, le durcissement des conditions d'accueil des chômeurs et la dégradation des conditions de travail.

Les inaptes licenciés se retrouvent demandeurs d'emploi et indemnisés comme tels en échange de la recherche d'un nouvel emploi compatible avec leur état de santé. Mais pour beaucoup, retrouver un emploi s'avère difficile en raison de leur âge, de leur niveau de qualification, et d'un état de santé que parfois le travail a contribué à dégrader. Jugés irrécupérables par leur entreprise, ils sont finalement disqualifiés professionnellement mais aussi socialement, dans une société qui a dignifié le travail et en a fait le principal support de l'intégration sociale et de la citoyenneté.

Parfois présentée comme un outil de protection des salariés et de leur santé, l'inaptitude peut ainsi également être perçue comme un dispositif de sélection et d'orientation de la main-d'œuvre au service de la productivité des entreprises, leur permettant de se débarrasser des salariés usés sans avoir à modifier leurs conditions de travail, contribuant ainsi à la dégradation de la condition salariale par la relégation des salariés les moins adaptés aux exigences de l'ordre productif. »

Avant la Seconde Guerre mondiale, « ses effets pervers, notamment les licenciements d'ouvriers malades ou susceptibles de le devenir, sont déjà identifiés. Les entreprises sont quant à elles toujours soupçonnées d'instrumentaliser la médecine du travail et le dispositif d'inaptitude afin d'écarter les employés âgés, jugés moins rentables et plus coûteux, et de plus en plus, afin de comprimer leurs effectifs. Dans les années 1970, l'inaptitude venait certes priver le salarié de son droit aux revenus du travail, mais elle lui ouvrait largement l'accès à d'autres droits, essentiellement la retraite anticipée ou le chômage, dans des conditions financières souvent avantageuses. » Mais c'en est fini de la retraite anticipée, ou du chômage sans embarras. D'où, pour beaucoup, la case RSA.

« Face à l'inaptitude, les médecins du travail se retrouvent dans une position très inconfortable. En effet, dans des contextes de travail potentiellement dégradés, la déclaration d'inaptitude leur apparaît souvent comme la seule issue à une situation de travail devenue intenable. Mais la suppression des différents dispositifs d'amortissement des licenciements, et la faiblesse des reclassements dans les entreprises incitent à soulever la question de l'avenir professionnel et social de ces salariés inaptes, dans une société où le travail, même quand il abîme, reste central et le chômage élevé, notamment pour les salariés âgés ou peu qualifiés. Or, c'est ce profil de salariés, âgés et peu qualifiés, qui semble bien surreprésenté au sein des inaptes.»

Des salariés témoignent ainsi auprès de la chercheuse :

– Monsieur E. 46 ans, ouvrier dans un centre de contrôle automobile : « J'ai été mis sur la touche, purement et simplement. Moi quelque part, j'y suis allé, mais dans ma tête je me suis dit, "on passe à autre chose" ».

– Madame D. 42 ans, ouvrière : « Physiquement… je ne peux plus. Je ne pourrai pas tenir, c'est impossible… C'est mon corps qui ne suit plus. Pour moi, c'est clair dans ma tête, mon corps ne suit plus, donc j'arrête ce travail. Je ne vais pas perdre mon bras. Et quand on est pris comme ça, que c'est quand même le travail qui vous abîme, après je n'ai qu'une envie, c'est de retrouver mon épaule… Je ne veux pas y laisser ma peau. Dans cette usine, on ne peut pas y faire carrière, ce n'est pas possible ou alors on en ressort, on est handicapé à vie... Il y a beaucoup de gens abîmés, des tendinites, les épaules et tout... »

– Monsieur R., 53 ans, chef de rayon : « Ils se sont rendu compte avec les IRM et tout, que je suis usé ! Le médecin-conseil me l'a dit, quand j'y suis allé, là, l'autre jour : "Monsieur R. que voulez-vous ? Vous êtes usé !" 'Y a rien à y faire. [...] Moi, je me disais que je tiendrais jusqu'au bout, que j'irais jusqu'à la retraite. Et puis non. Moi, je ne les intéresse plus maintenant. Maintenant, s'ils font un reclassement, c'est pour se moquer de moi en me trouvant une place sur Bordeaux, sachant très bien que je n'irai pas. Je ne suis plus intéressant et je les comprends. »

– Madame R., 50 ans, comptable, cadre : « Je n'osais même pas dire que j'étais en arrêt de travail parce que pour moi, c'est les fainéants qui ne travaillent pas. »

Et Frédérique Barnier de conclure : « Arrivés au terme du processus, nos interviewés découvrent en fait qu'il n'y a plus guère de place pour eux nulle part et qu'ils sont menacés d'exclusion. Licenciés pour inaptitude, ils n'arrivent pas à retrouver un emploi et connaissent une situation où se mêlent problèmes de santé, absence de projection professionnelle et difficultés financières. Ils ont quitté le statut structurant et insérant de salarié, sans qu'il leur soit permis d'accéder à un autre statut, que ce soit la retraite ou l'invalidité, n'étant finalement ni assez âgés ni assez usés, mais l'étant déjà trop cependant pour pouvoir travailler encore. »

CHAPITRE 9

Accidents : la tricherie officielle

C'est une forme d'exploit que réussit la branche AT-MP de la Sécurité sociale : malgré l'ampleur du mal-travail en France, chaque année, elle parvient à être en excédent. Près de deux milliards en 2023. Comment ? Par la sous-déclaration, en vérité une sous-sous-sous reconnaissance, des accidents du travail, mais encore davantage des maladies professionnelles.

Cette tricherie fait l'objet de récits, nourris, parmi les délégués syndicaux : « Chez Amazon, les accidents du travail sont systématiquement contestés par la direction. L'autre fois, un gars a eu un accident de chariot. Il est tombé de 1,20 mètre de haut, facile. Il a voulu aller se déclarer en accident, son manager l'en a empêché. " Tu remontes sur le chariot, t'as rien !" »

Chez Id-Logistics : « Les accidents de chariot, c'est régulier chez nous. La semaine dernière, le chef était pressé. Du coup, il a rempli les papiers, il a rendu les clés du camion avant que le chargement ne soit terminé. C'est pas la règle. Du coup, le chauffeur a cru que c'était fini, il a démarré. Sauf que le préparateur était toujours dedans, il s'est pris le chariot sur lui. Eh bien, le chauffeur s'est fait licencier de son entreprise pour faute, le cariste s'est pris un avertissement. Alors que c'était le chef, très clairement, qui avait commis la faute.

Mais c'est comme ça : avant, quand il y avait un accident de travail, on cherchait vraiment la raison. Il y avait un arbre des causes, on étudiait tout le processus. Aujourd'hui, c'est forcément la faute du salarié, c'est le principe de base. Il n'y a plus de victime. »

Même en cas de tragédie, le cynisme ne cesse pas : « Dans notre Auchan, le boulanger a fait un arrêt cardiaque sur place, au travail. Ils ont contesté l'arrêt cardiaque. Ça a fini par passer en accident de travail mais l'enquête a duré six mois. »

Comme l'organisation du travail n'est pas questionnée, comme le mot d'ordre est à la « responsabilisation », forcément individuelle, s'opère un renversement : d'après la loi, « l'employeur est présumé responsable de l'accident. » Mais couramment, c'est le salarié qui se vit, qui est vécu, comme le responsable, voire le fautif. Et qui donc, de lui-même, ne se signale pas, ne se déclare pas.

Mais les entreprises usent d'un autre biais, désormais, pour que les accidents soient moins déclarés.

Dans la verrerie Verescence : « Chez nous, ils ont mis en place un système de bingo. Il y a une loterie, avec un chèque à la clé, on tire des numéros, mais aussitôt qu'il y a un accident du travail, la grille repart à zéro. Du coup, les gens viennent me voir : "Qui a déclaré un accident du travail ?" Ils ne sont pas contents après leur collègue. Pour cinquante euros, ils sont prêts à ne pas déclarer un accident. Ou alors, ils vont voir le copain, pour lui dire de pas déclarer, parce qu'il ne lui restait plus qu'un numéro dans son bingo. »

Ou les directions jouent sur la fiche de paie. Ainsi à la société d'autoroute Sanef : « Nous, s'il y a des accidents de travail, ça diminue collectivement la prime d'intéressement. 'Y a un pourcentage à ne pas dépasser concernant les AT, et sur l'année, on perd 500 euros si le pourcentage est dépassé. Ça culpabilise les salariés qui sont en arrêt. »

Ces méthodes, répandues, qui conduisent à cacher les accidents, nous les avons signalées au directeur de la Sécurité sociale. Lui nous a répondu que ce n'était pas de son ressort, mais du rôle des syndicats de l'entreprise ! Qu'eux pouvaient porter plainte devant les tribunaux ! Ça en dit long sur la démission d'un État-protecteur. Nous considérons, au contraire, que c'est pleinement du rôle de la Sécurité sociale, et du ministère du Travail : à quoi bon payer des spots télé pour « responsabiliser » si, derrière, l'État, les institutions, ferment les yeux ?

*

C'est pire encore, plus compliqué, pour les maladies professionnelles : à l'inverse de l'accident, qui survient d'un coup, sur le lieu de travail, là, le mal s'installe dans la durée, et la « causalité » peut toujours être contestée :

« Même certaines évidences parfois, ça ne passe pas.

– Quel genre d'évidences ?

– Bah désormais, chez Auchan, si un cariste a mal au dos ou aux épaules, pour les patrons, le lien n'est pas évident avec le métier. On avait un collègue, Lucien, un salarié qui avait passé sa vie à mettre en rayon des paquets de lessive. Il avait fait ça, à l'ancienne, à la main, pendant vingt ans. Du coup, il avait les genoux bousillés. Il a fait un dossier maladie pro. Mais derrière, ses propres managers ont fait des courriers pour dire que ce n'était pas si lourd, qu'on lui donnait tous les moyens pour lui faciliter le travail, qu'on lui avait filé un diable. Comme si ça suffisait pour empêcher les genoux d'être abîmés. Ils épuisent tous les recours pour contourner la responsabilité de l'employeur. »

Ainsi, 75 % des troubles musculo-squelettiques, pourtant caractérisés comme maladies professionnelles, n'ont pas fait l'objet d'une déclaration. Pourquoi ? Par crainte de perdre leur emploi, par méconnaissance des dispositifs existants, ou par peur de s'engager dans une procédure trop longue, trop sinueuse. Parce que, également, les médecins sont peu formés à ces démarches, au monde du travail en général : eux regardent le corps, rien que le corps, et non le monde autour du corps. Et, comme l'espérait il y a un demi-siècle Robert Debré, le créateur des CHU, c'est cette « révolution médicale » qu'il nous faut accomplir : après « l'étude clinique des corps et des esprits », après « l'étude biologique raffinée », lui en appelait à un « effort radical » qui « mette une dimension nouvelle dans l'ensemble de la médecine », « l'individu dans son groupe social », « les problèmes économiques, psychologiques, sociologiques qui touchent à la maladie ». Avec, donc, entrant dans l'hôpital, « des statisticiens, des sociologues, des économistes, des psychologues ». Avec, sortant de l'hôpital, un hôpital ouvert sur la vie, des médecins, leurs étudiants, qui iront dans les lycées, les usines, les domiciles, les bureaux. Avec, aussi, « un professeur de santé publique [qui] doit être le conseiller du préfet ». Avec, dès lors, une volonté politique, qui nous fera passer, pour de bon, du curatif au préventif. Qui fera du médecin notre allié, un combattant contre le mal-travail.

En attendant, « les chiffres sont saisissants, interpelle le sociologue Arnaud Mias : chaque année, hors cancers liés aux expositions à l'amiante, moins de trois cents cancers sont effectivement reconnus comme maladies professionnelles, alors que les épidémiologistes les plus prudents estiment que le nombre de cancers liés au travail est au moins vingt fois plus important. » Sous les statistiques, c'est un continent, un continent de souffrances, que l'on fait disparaître. Comment s'attaquerait-on aux causes, sérieusement, aux causes de ces cancers professionnels, quand 95 % ne sont pas reconnus ?

Ce n'est plus seulement une tricherie, liée à des employeurs-fraudeurs. C'est un système organisé pour déguiser, pour masquer la réalité : que le mal-travail ne soit pas regardé dans sa crudité. Que ne nous vienne pas l'idée d'y mettre le nez, de le réformer.

D'ailleurs, cette « sous-déclaration » fait l'objet d'une évaluation, très officielle : dans une fourchette comprise entre un et deux milliards d'euros. Ceci, sans compter les troubles psychiques, estimés (avec quelle étonnante précision...) à 287 millions d'euros. Et c'est ainsi 1,2 milliard d'euros qui sont transférés, chaque année, pour compenser, depuis la branche

AT-MP vers la branche maladie : encore une fois, la tricherie n'est donc pas combattue, elle est reconnue, institutionnalisée, routinisée.

Malgré tous ces biais, « près de 40 000 accidents donnent lieu à la reconnaissance d'une incapacité permanente (accidents graves) et 790 sont mortels, décompte le sociologue Arnaud Mias. Tout se passe comme si notre système productif devait inéluctablement générer un contingent stable d'accidents du travail. »

Une indifférence à ces malheurs due, à coup sûr, également, à un biais social : « Les ouvriers ont sept fois plus de risques de connaître un accident grave que les cadres, et près de cinq fois plus un accident mortel. »

LE CAS DAVID CARON : LA GALÈRE DU CANCER HORS-TABLEAU

Sous-traitant de Valeo, David Caron a avalé de l'amiante durant des années ? Qu'importe, répond le tribunal : le cancer de l'œsophage est « hors-tableau ».

C'est le jugement, en substance, du Comité régional de reconnaissance des maladies professionnelles de Picardie :

« Monsieur CARON David, né en 1972, a travaillé comme grenailleur depuis 1994, il était spécialisé dans la rénovation des embrayages de poids lourds. L'exposition à l'amiante est certaine dans cette activité.

Le CRRMP constate la réalité des expositions aux différents agents pathogènes et poussières. Toutefois, les données scientifiques actuelles ne retrouvent pas de lien significatif entre la survenue d'un cancer de l'œsophage et l'exposition à l'amiante et/ou à la silice.

Il existe par ailleurs, dans le dossier, la notion d'un facteur confondant.

Pour toutes ces raisons, il ne peut être retenu de lien direct et essentiel entre l'affection présentée et l'exposition professionnelle.»

Suite à cette décision, nous avions rencontré cet ouvrier, et nous écrivions (dans l'éphémère journal de la CGT-Zone industrielle) : «David Caron souffre d'un cancer de l'œsophage. À quarante ans, il a trois enfants, une fille de dix ans, deux garçons de treize et seize ans. Dans les prochains mois, lui sait qu'il va mourir.

Durant dix-huit ans, David a travaillé chez Dimay-Wolf, un sous-traitant de Valeo, qui emploie quinze salariés. Dans cette entreprise, "on démonte les embrayages, on les trie, on les rénove. Ceux des camions sont complètement pollués."

À cause de l'amiante, notamment.

Mais apparaît une seconde matière toxique: "Osirys, c'est un anti-corrosif. Étant malade, j'ai appris que, normalement, on devait prendre plein de précautions, que ça devait s'utiliser avec un masque à cartouche. Et moi, j'ai pulvérisé ça pendant dix-huit années le nez à l'air!"

Sur le papier, le donneur d'ordre, Valeo, dit imposer une "charte de bonne conduite éthique et environnementale" à ses sous-traitants. Sauf que la firme ne se rend jamais chez eux pour des inspections à l'improviste.

"D'après les chirurgiens, on ne peut pas écarter le rôle de l'amiante dans ma maladie. Je présente tous les symptômes: la plèvre, les poumons, l'œsophage."

Lui a donc établi une demande de classement en maladie professionnelle: "Depuis sept mois que je suis malade, pas une seule fois mon patron n'a pris de mes nouvelles. Moi qui venais travailler le samedi, avant!"

Et David de conclure: "Il me reste une poignée de mois à vivre, pas des années. Je veux terminer ce dossier avant de mourir, pour ne pas laisser ma famille, ma fille, mes fils, sans rien."»

Comme il le prévoyait, David est décédé quelques mois plus tard.

Sa femme, Céline, nous a contactés: *post-mortem*, la Sécurité sociale refusait la reconnaissance. Le cancer de l'œsophage était «hors-tableau». C'était traité comme un banal dossier administratif:

«D'après notre médecin traitant, ça ne pouvait venir que de là-bas, que de son usine. Il ne fume pas, il ne boit pas, il n'a pas d'antécédents familiaux.

La dame de la Sécu est venue. C'est un cancer qui arrive chez les personnes âgées d'habitude, les fumeurs, les alcooliques.

Avant Dimay, il était palefrenier en Baie de Somme, il accompagnait les touristes pour des sorties à cheval. Quand il n'y a plus eu de boulot, il a pris ce qu'il a trouvé.

Je souhaiterais poursuivre le patron, au moins pour que ses collègues travaillent dans de meilleures conditions.»

Un soir, une nuit même, nous nous sommes rendus dans son entreprise, Dimay. Nous avons pris des photos, discuté avec ses collègues. Nous qui, sans nous vanter, avons visité pas mal d'entreprises, nous qui disposons de points de comparaison, l'état des lieux battait des records dans le sordide. Tout était déglingué, les tôles broyées, les toilettes sales, les machines sans sécurité. Mais ça n'était que le plus visible. Surtout, les ouvriers avalaient la poussière d'amiante avec des masques minables. Ils plongeaient les mains dans une soupe de solvants avec des gants de vaisselle.

Des ouvriers racontent: «Ici, on reçoit tous les embrayages usés, vieux de chez vieux, 300 000 kilomètres, des poids lourds. On démonte. Ce qui est cassé, ça part à la benne pour Valeo. Le reste, c'est envoyé en neuf, ou pour l'occase. D'abord, il faut trier. Les caisses arrivaient avec "Attention, danger amiante!" C'est plein de poussières. Pour les masques, quand on en a, ils sont en carton, la poussière passe à l'intérieur, ou par-dessous. Et il faut pleurer pour ravoir une cartouche, alors que normalement ça devrait se changer tous les jours. Et en plus, dans les ateliers, il n'y a aucune aspiration, pas de ventilation.

– On traite les pièces, pour pas que ça rouille, c'est Osiris. Ils ont changé, c'est la même marque, mais soi-disant moins nocif. Ce produit-là, vous le mettez à terre, il flambe. Il bouffe les pièces. Et nous, on fait ça avec des petits gants, qui sont tout rongés. On devrait avoir un truc pour les tremper sans y plonger les mains. Mais pour se laver, au lavabo, on n'a même pas de savon... D'après eux, c'est Valeo qui exige qu'on utilise ce produit-là.»

– Moi, j'avais attrapé des boutons partout, alors j'ai refusé d'y aller.

– Quand la médecine du travail vient, elle reste au bureau. Et quand la direction sait que Valeo se déplace pour l'inspection, on était prévenus à l'avance pour l'audit, et par exemple, il fallait ranger la machine à découper, pas du tout aux normes.

– David a fait du zinc, aussi. On n'avait que des gros masques, comme pour aller sous l'eau, trop grands. Quand je suis arrivé, tout au début, j'avais du mal à respirer, j'étais malade, je faisais une "allergie à la poussière". Le médecin diagnostiquait des bronchites, des sinusites à répétition.

– Soi-disant qu'ici, ils ont pas de sous, même pour déboucher un égout. Les taules qui tombent...

– Le pire, c'est des gens de chez Valeo, assez hauts, qui viennent et qui trouvent ça normal. »

Dans son café, à Moreuil, j'ai rencontré Patrick Caron, frère de David, qui avait lui aussi travaillé chez Dimay, à la sécurité justement :

« J'avais pour responsabilité de mettre les choses au clair, aux normes, mais quand je ramenais les devis, c'était toujours trop coûteux. Là où les gars bouffaient, on aurait cru une porcherie. Il aurait fallu installer la ventilation, remettre les sécurités sur les machines, avoir des masques adaptés aux produits... Mais chaque fois qu'on présentait des solutions, ils ne voulaient pas investir. Du temps que j'y étais, il y a eu deux incendies. Le jour même, ils m'ont fait acheter des masques en vitesse, pour l'inspection. Il y a eu un rapport de police, avec une injonction de mise aux normes, mais sans changement. Pendant deux jours, on a arrêté l'activité, et puis elle a repris comme si de rien n'était. Les gars étaient en contact permanent avec Osiris. De temps en temps, je les remplaçais, pas longtemps parce que je savais que le produit était dangereux. Moi, rien que dans mon bistro, j'ai des normes dans tous les sens: l'hygiène, la Sécurité sociale, le panneau en cas d'incendie, la porte de secours... L'ASMIS est venue voir si j'avais bien indiqué mes horaires d'employé. Dix fois, cent fois plus de règles que dans cette usine! L'ironie, c'est que la boîte se trouvait en face de l'Apave, qui forme à la sécurité au travail...»

Peu après ce drame, alerté par les syndicats, sommé par le CHSCT, Valeo a cessé cette sous-traitance. La multinationale a réintégré cette activité à leur usine d'Amiens, et dans des conditions complètement différentes, infiniment plus satisfaisantes: avec un caisson fermé, pour qu'il n'y ait plus de contact entre les salariés et les pièces amiantées.

Tant mieux.

Tant mieux pour les suivants.

Mais ça n'aidait en rien Céline Caron et ses trois enfants.

Ça n'aidait en rien la Justice qui, d'un bureau à l'autre, continuait à répéter à la veuve que «le cancer de l'œsophage est hors-tableau».

Nous nous sommes alors tournés vers Annie Thébaud-Mony, chercheuse à l'Inserm, spécialiste des maladies professionnelles (et par ailleurs, compagne d'Henri Pézeratio, qui a mené et remporté la bataille de l'amiante): accepterait-elle d'étudier le cas David Caron?

Elle a accepté.

Et c'est là notre utilité: servir de pont entre les Céline et les Annie, entre la Zone industrielle et Paris, entre des femmes et des hommes qui se sentent abandonnés, dépourvus de ressources financières, sociales, culturelles, dans de pénibles combats du «pot de terre contre le pot de fer», et d'autres qui ont accumulé du savoir, des compétences, des relations, des armes pour nous défendre face aux moulins à vent des pouvoirs.

Annie Thébaud-Mony et son équipe, la sociologue Nathalie Frigul notamment, ont alors retracé méticuleusement la carrière de David Caron, décrit les gestes qu'il répétait dans son métier, listé les matières toxiques avec lesquelles il se trouvait en contact, étudié les symptômes de sa maladie, interrogé le pneumologue Raoul Harf, exhumé des articles scientifiques qui lient «cancer de l'œsophage» et «amiante».

Ces analyses furent livrées à Maître Nadine Melin, du cabinet Teissonnière. Qui s'est appuyée sur une jurisprudence:

«S'agissant de l'exposition à l'amiante, un Comité régional de reconnaissance des maladies professionnelles (CRRMP) a déjà émis un avis favorable en ce qui concerne l'existence d'un lien de causalité entre l'exposition professionnelle à l'inhalation de poussières d'amiante et le développement du cancer de l'œsophage. En effet, le bilan réalisé en 2003 par le CRRMP a reconnu que les fibres d'amiante pouvaient être considérées comme un agent causal de l'apparition d'une tumeur maligne de l'œsophage.

De plus, le Bureau international du Travail de Genève, dans l'Encyclopédie de sécurité et de santé au travail, référençait déjà en 2000, au titre des pathologies malignes liées à l'amiante, le cancer de l'œsophage. Le tube digestif était alors considéré comme un organe susceptible d'être atteint par les fibres d'amiante.»

Mais ces efforts n'ont pas changé grand-chose.

Le second CRRMP a de nouveau tranché, en un jugement lapidaire, si peu étayé: des croix cochées en face de «rejette le lien direct et essentiel» et de «défavorable». Et neuf lignes, très exactement neuf lignes, pour «motiver» l'avis:

«L'analyse de la littérature scientifique concernant les expositions précédemment mentionnées et le cancer de l'œsophage ne permet pas, en l'état actuel des connaissances, de retenir l'existence d'un lien direct entre cette pathologie et ces expositions. En outre, les éléments du dossier transmis mettent en évidence un facteur de risque extra-professionnel majeur pour la pathologie déclarée.»

Nous voulons dire, ici, la révolte que suscitent chez nous ces quelques phrases: voilà qui respire le travail administratif à la chaîne, les formules toutes faites, les bureaucrates lassés, le «bottons en touche» avec un «risque extra-professionnel» dont on ne nous révèle rien, nulle part.

Nous l'avons mentionné déjà, quant aux troubles psychiques liés au travail: ces CRRMP ne sont pas à la hauteur des enjeux, ici un décès à quarante ans. C'est une sous-justice, bâclée, comme si les travailleurs étaient des sous-citoyens.

Que David Caron ait mangé de l'amiante, de la silice, du zinc, du plomb, durant des années et par tous les trous, nul ne le conteste. Qu'il ait été exposé, avec ses collègues, et nous dirions criminellement exposé, à des matières toxiques, sans la moindre intervention ni du donneur d'ordre ni des pouvoirs publics, c'est un fait établi.

Mais pour les gratte-papiers, c'est « hors-tableau ».

Circulez, il n'y a rien à voir.

Ces meurtres à feu doux ne valent même pas une pension pour la veuve.

CHAPITRE 10

Troubles psy : l'amiante d'aujourd'hui

« La santé mentale, relève la CFDT en audition, c'est la grosse déception. On connaît une grave crise de la santé mentale et il n'y a rien. » Les syndicats sont unanimes : « Il y a une explosion des troubles psychiques », remarque la CGT. Et pourtant, proteste FO, « les organisations patronales freinent des quatre fers pour reconnaître les maladies psychiques. » Pourquoi ? Parce que c'est « explosif », d'après la CGC, ce sont « les cas d'amiante d'aujourd'hui. »

En janvier 2018, déjà, nous défendions à l'Assemblée une proposition de loi visant « la reconnaissance des troubles psychiques liés au travail comme maladie professionnelle. » Le psychiatre Patrick Légeron, pour l'Académie nationale de Médecine, diagnostiquait « un problème de santé majeur. L'OMS pointe le stress comme premier risque pour la santé des travailleurs dans le monde. Et nous avons ce paradoxe extraordinaire : le tableau n'est fait que de maladies somatiques. Il exclut les troubles psychiques, n'en reconnaît pas un seul. Alors que ces affections mentales apparaissent comme un risque majeur pour les salariés. C'est un décalage inacceptable. » Et de trancher : « Je pense qu'une reconnaissance est absolument nécessaire, et l'Académie est très intéressée par cette démarche ».

La Belgique a franchi ce cap : les troubles psychiques apparaissent dans les tableaux officiels. 83 155 cas ont été reconnus en 2014. En rapportant à la population française, en multipliant par six, on parvient à 500 000 cas.

Côté Inserm, Isabelle Niedhammer, directrice de recherche, « évalue à 1,2 million le nombre de salariés dépressifs. La fraction attribuable au travail varie entre 10 % et 20 %, soit entre 120 000 et 240 000 salariés atteints. Dire "quelques centaines de milliers de cas" me paraît assez juste. »

Selon une étude de 2014 du cabinet Technologia, 3 millions d'actifs, soit 12 % de la population active, sont en risque élevé de burn-out.

Et pour autant, cette année-là, seuls 596 cas se virent reconnus.

« Ce gouffre, écrivions-nous, suscite une incompréhension pour les victimes : "Je n'ai toujours pas compris cette difficulté, cette impossibilité, à me faire reconnaître en maladie professionnelle. Pour que ce soit Lidl qui paie. Mais tous les médecins m'ont dit : 'Ne vous lancez pas là-dedans, c'est 'hors tableau', ça va être très très compliqué'. Et mon avocate pareil. Donc, aujourd'hui, se faire reconnaître, c'est mission quasi impossible."

Cette non-reconnaissance empêche une digne réparation, financière, des victimes, avec une rente versée par l'entreprise, la prise en charge à 100 % de ses frais médicaux.

Mais elle obère aussi la guérison psychologique : la faute demeure du côté du patient. C'est lui qui est malade, qui n'a pas su s'adapter. Et non le management qui s'est révélé délétère, la hiérarchie fautive, l'organisation malade : "Les collègues policiers me disent : 'Ça nous permettra de nous reconstruire', estimait un syndicaliste. 'Me dire que je ne suis pas fou, que c'est un contexte professionnel qui me rend comme ça'".

Côté employeur, c'est le silence.

"C'est tellement tabou dans les entreprises, aujourd'hui, juge Flore C., directrice des Ressources Humaines passée par la grande distribution, un centre d'appel, l'industrie. C'est le sujet interdit. Nous, en tant que RH, on n'a même pas le droit de prononcer le mot 'stress'. Quand, chaque année, avec les syndicats, on fait le point sur les risques psycho-sociaux, ce genre de mots est interdit. C'est pour ça que, quand je vois le tabou autour de ça, le manque d'engagement réel des directions, je me dis : à part mettre en place des sanctions financières lourdes, je ne vois pas ce qui pourrait motiver les boîtes".

Sans sanction, le "broyeur silencieux", comme le nomme la CGC, peut continuer de tourner. Même un suicide, même une série de suicides, ne remet pas en cause le management.

Le déni se poursuit.

Notre proposition est habitée par cette double conviction :

1. La sanction est la meilleure des préventions.

Avec les chauffards de la route, depuis les années 1970, les gouvernements n'ont pas procédé qu'avec de la "sensibilisation". Qu'il en aille de même, simplement, avec les chauffards du management.

Il faut aux entreprises une incitation très concrète, très directe, au changement, à désormais prêter attention aux risques encourus par les salariés, à prendre les mesures qui éviteront les pénalités, à ne plus considérer les dégâts engendrés comme négligeables. Que le pollueur devienne le payeur. Qu'elles versent une rente à leurs victimes. Qu'elles dédommagent la Sécurité sociale. Qu'elles inscrivent ces pertes dans leur bilan comptable.

Et là, nous en sommes convaincus, l'*aggiornamento* managérial tardera moins.

Il ne s'agit pas de généraliser. Bien sûr qu'il existe des salariés heureux, des entreprises qui veillent à leur bien-être, et elles constituent sans doute, nous l'espérons, la grande majorité du genre. Mais quel fou proclamerait : “La plupart des hommes ne sont pas des tueurs. Nous n'avons donc pas besoin de police” ?

2. La reconnaissance, c'est un voyant qu'on allume.

Comment lutter collectivement, efficacement, contre un mal qui n'est pas nommé dans la bible des maladies, dans le plus officiel des documents ? Comment œuvrer, ensemble, avec les managers, les DRH, les directions, avec les médecins du travail, les médecins tout court, les inspecteurs du travail, les parquets des tribunaux, comment faire reculer un fléau qui n'est pas reconnu ? »

Notre proposition fut bien sûr rejetée par la majorité.

Dans l'hémicycle, la députée Caroline Janvier relativisait : « L'épuisement résultant de stress chroniques peut survenir dans toutes les situations déterminantes pour la vie d'un individu ». Il ne fallait pas, donc, « incriminer l'entreprise ». Porte-parole du gouvernement, plutôt qu'une loi, Gabrial Attal préférait le « dialogue social » promettant une « mission sur le sujet ». La parlementaire Charlotte Lecocq rendra, en effet, un rapport sur « la santé, sécurité, qualité de vie au travail». Mais en réussissant cet exploit: dans ce document de 113 pages, les «troubles psychiques» ne sont pas mentionnés une seule fois! Il s'agit, avant tout, de ne pas nuire à la «performance globale» des entreprises, de la concilier avec «la promotion simultanée de la santé», qui serait une composante de «la logique de développement durable dans la stratégie d'entreprise», etc., etc. Du *bullshit.*

*

Depuis, le Covid est passé par là, et n'a rien arrangé dans les cerveaux. La santé mentale des Français s'est dégradée, au travail également. D'après un sondage, en mars 2023, pour le cabinet Empreinte Humaine, spécialisé en prévention des RPS: 28 % des salariés se déclarent en burn-out. Soit deux fois plus qu'avant 2020.

Les cas indemnisés par la Sécurité sociale augmentent. Ils ont même triplé pour les troubles dépressifs. Mais avec du «hors tableau», obtenir cette reconnaissance demeure le parcours du combattant.

D'après le juriste Alain Supiot, professeur émérite au Collège de France, l'on assiste à «un essor spectaculaire des pathologies mentales liées au travail, dont le nombre en France a été multiplié par sept en cinq ans.» Lui le lie à un «travail devenu marchandise», et en particulier à des travailleurs

« programmés pour satisfaire des indicateurs de performance coupés de l'expérience concrète de leur tâche. Cette programmation conduit à des formes inédites de déshumanisation. Au *déni de pensée* qui caractérisait la réduction taylorienne des ouvriers à l'état de rouages d'une vaste horlogerie, a succédé le *déni de réalité*. Les personnels hospitaliers ont parfaitement saisi la racine du mal en dénonçant, bien avant la pandémie de Covid-19, le fait qu'on leur demande "de soigner l'indice plutôt que le patient." »

Lors de nos auditions, en cet automne 2023, les syndicats de salariés se sont montrés unanimes : « Nous demandons que ces troubles soient reconnus dans les maladies professionnelles. Ça nous permettra d'avoir des chiffres, d'en faire un sujet, et de faire de la prévention. »

Les syndicats patronaux furent unanimes également… pour le refuser, au nom de la « multifactorialité ».

Quant au ministre, interrogé sur les risques psychosociaux, Olivier Dussopt concède que c'est « un immense chantier », mais qu'on « touche à des choses qui sont difficiles à mesurer et donc à prévenir », avec un « manque d'indicateurs ». Bref, il est urgent de ne pas agir. L'hécatombe peut se poursuivre.

CHAPITRE 11

La chasse aux arrêts maladie

« J'ai honte. Je n'ose plus sortir, je ne vais plus courir, plus en ville, plus aux manifs… Parce qu'au fond de moi, je me dis : "Tu devrais travailler. Ce n'est pas normal que tu ne travailles pas." Je lis ça dans le regard des gens. »

Alors que je rédigeais ce livre, un ami est passé chez moi, un gros dossier sous le bras. Je ne l'avais pas croisé depuis un bail, et franchement, il avait changé : « Je suis en arrêt depuis deux ans maintenant. Je ne voulais pas. J'ai résisté. Quand je suis allé voir mon médecin, c'était juste pour qu'il me prescrive de quoi dormir, des plantes. "Ah non ! Pas question ! Je vous arrête ! Voilà, c'est fait, j'ai cliqué : vous ne retournez plus au boulot." C'était devenu intenable avec mes chefs, les ordres, les contre-ordres, les consignes dans tous les sens, les mails qui tombent à toute heure. On avait l'impression que leur but, c'était de nous empêcher de faire notre travail. Qu'on devait sauver le service public malgré eux. Que surtout, ils ne nous faisaient pas confiance. Alors que, dans le social, on a de l'humain en face! Ils m'ont cassé. C'est difficile à comprendre, mais ils m'ont pompé toute mon énergie. Je n'en avais plus pour ma famille, pour mes enfants. Les médicaments, je les refusais, mais finalement ça m'a fait du bien. Comme si les choses se remettaient en place. Et surtout, l'expertise de la psychiatre, qui l'a notée, répétée noir sur blanc.» Il me tend le papier: «Pathologie d'origine professionnelle.» «Ça m'a fait un bien fou, déculpabilisé: ce n'était pas de ma faute. C'est pour ça, pour passer à autre chose, je veux ma reconnaissance en maladie professionnelle. Qu'un jugement me dise ça.»

C'est indéniable: depuis une décennie, les arrêts maladie augmentent.

Quelle en est la première cause?

D'après le ministère de la Santé lui-même: «Cette croissance des dépenses d'indemnités journalières maladie s'explique principalement par l'augmentation et le vieillissement de la population active (pour 36 %).» En clair: c'est le vieillissement des travailleurs, les réformes des retraites, le report de l'âge de départ, qui «expliquent principalement» cette hausse des arrêts maladie. Et les deux années de plus imposées ce printemps vont, bien sûr, le renforcer, avec des fins de carrière rallongées et en mauvaise santé. La DREES, le service statistique du ministère de la Santé, évalue ce surcoût à venir à près d'un milliard d'euros par an. C'est ici la triple peine : les salariés (1) dont la santé est fragilisée par leur travail (2) vont devoir partir en retraite plus tard, mais aussi (3) seront montrés du doigt et pénalisés s'ils prennent un arrêt maladie !

Surtout : la durée des arrêts longs a grimpé, de 97 jours en 2022 à 111 jours en 2023. Ces arrêts longs (plus de trente jours) représentent cinq sixièmes du coût des indemnités journalières. Plus de 80 % ! Traiter ce problème, dès lors, par les « jours de carence » n'a aucun sens.

Parmi ces arrêts longs, les troubles psychologiques en sont désormais la première cause. Une part qui a explosé en trois ans : 31 %, contre moitié moins, 14 % en 2020.

Des secteurs, on va le voir, sont fortement touchés : « Le médico-social se caractérise par un nombre de journées de travail perdues du fait d'accidents de travail ou de maladies professionnelles (AT-MP) trois fois supérieur à la moyenne constatée pour l'ensemble des secteurs d'activité en France. Ce nombre a atteint 3,5 millions en 2019, en augmentation de 41 % par rapport à 2016 et il correspond à 17 000 postes équivalents temps plein (ETP) par an. Ces conditions de travail peuvent expliquer des taux d'absentéisme importants du secteur : 21 millions de journées d'absence (toutes causes confondues) enregistrées en 2019 dans les établissements sociaux et médico-sociaux (+ 17 % d'absentéisme par rapport à 2016)* ».

Les chercheurs de l'Institut Sapiens, Henry Savall et Laurent Cappelletti ont étudié cet absentéisme dans 2 000 entreprises. Ils évaluent son coût caché à 108 milliards d'euros. Et ils estiment qu'un tiers est incompressible, mais que les deux tiers restants ont pour cause des « défauts de management ». Un management qui rend malade, donc.

Nombre de salariés sont en dépression, et que fait le gouvernement ? À la rentrée 2023, la chasse aux arrêts maladie était ouverte. « Pas soutenable », tranchait l'ex-ministre de la Santé Aurélien Rousseau. Tandis que Gabriel Attal fustigeait « les arrêts du lundi et du vendredi ». Et que Bruno Le Maire se demandait si « quelque chose justifie que les arrêts maladie aient augmenté de 30 % en dix ans ».

Les mêmes, au printemps, promettaient un « nouveau pacte de la vie au travail », une réflexion, collective, sur le travail devait s'engager, sur son organisation, sur la pression qui y règne. Mais que font-ils l'été passé ? Tout le contraire. On en revient à des fautes individuelles, à la culpabilité des travailleurs,

* Livre blanc du Travail social, novembre 2023.

à traquer des « fraudeurs ». Surveiller et punir, plutôt que de soigner, soigner surtout le management.

Et pire que tout, peut-être, chez des gouvernants : il y a le refus de comprendre. Comme s'ils allaient mener la société à la baguette, les employés avec le bâton.

Ainsi ont-ils choisi, nouvelle aberration, pansement sur une hémorragie, de « mettre sous objectif » mille médecins : l'Assurance maladie les enjoint de réduire leurs prescriptions d'arrêts maladie, sous peine d'amende. Et cinq mille autres médecins sont convoqués pour un « entretien d'alerte ».

« Mes patients bossent en usine ou en abattoir, ils sont manutentionnaires ou soignants, témoigne Thibault Barbier, médecin, dans *L'Obs*. Ils sont usés par l'intensité du travail, mais ils attendent d'être au bout du bout pour venir me voir. Je ne me vois pas leur dire : “Désolé, j'ai atteint mon quota, je réduis la durée de votre arrêt”. »

Agnès Giannotti, présidente du syndicat de généralistes MG France, regrette : « Cela revient à casser le thermomètre pour faire baisser la température. Si l'on arrête davantage, c'est que les gens vont mal. Ils sont cassés. La souffrance peut être mentale ou physique, j'ai dans ma patientèle des caissières ou des femmes de chambre avec les poignets, les genoux et les épaules abîmés. »

Avec bon sens, Luc Duquesnel, le président de la Confédération des syndicats médicaux français, invite à « s'interroger sur les conditions de travail ». Et le sociologue Alain Vilbrod de conclure : « On préfère débattre de fraude et du prétendu dilettantisme des salariés plutôt que des conditions de travail qui se dégradent depuis vingt ans dans le privé comme dans le public. »

Voilà qui devrait, en effet, être au cœur du débat.

Voilà l'action que, pour les salariés, pour notre pays, pour son économie, voilà l'action que nos ministres devraient porter, comme ils le promettaient : combattre le mal-travail. Et non brandir des menaces en plus sur un salariat qui va déjà mal.

CHAPITRE 12

Médico-social, le grand craquage

De longue date, le bâtiment est réputé pour sa « sinistralité ». Pourtant, ce graphique l'indique : dans la menuiserie, la couverture, la charpente, les structures métalliques, les accidents du travail ont reculé en une poignée d'années. Ce secteur, particulièrement dans le viseur, a progressé.

Davantage dans l'ombre, d'autres empirent. C'est le cas, notamment, de tout le médico-social : l'hébergement de personnes âgées, ou handicapées, les aides à domicile... Les points de 2019 sont très clairement, très nettement éloignés des points de 2013, et leur écart est un signal : ça craque. Les corps et les cœurs craquent. Et alors que ces statistiques datent d'avant la crise du Covid...

LES ACTIVITÉS AYANT LES INDICES DE FRÉQUENCE
LES PLUS ÉLEVÉS DE LEUR SECTEUR

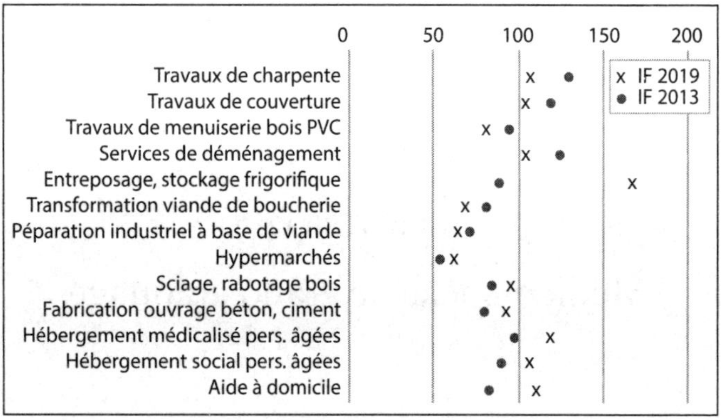

Lecture : En 2019, au sein du BTP, la filière des travaux de menuiserie bois et PVC a présenté un indice de fréquence de 80,7 accidents pour 1 000 salariés (contre 95,1 en 2013).

Source : Cour des comptes, Synthèse du rapport « Les politiques publiques de prévention en santé au travail dans les entreprises », décembre 2022.

*

« J'emmenais une mamie, bien costaud, au supermarché et dans l'escalator, elle m'est tombée dessus. J'ai tout fait pour la retenir, c'est comme ça que je me suis cassé le genou, six mois d'arrêt. »

C'était une scène de notre film *Debout les femmes !*, tournée dans le jardin d'Annie, dans le Vimeu. Assises autour d'un verre, elle et ses copines auxiliaires de vie nous racontaient leurs parcours par leurs douleurs, par les opérations, du coude, des épaules, du dos, par leurs corps usés. Et avec la conviction d'une dégradation, d'un rythme qui s'est accéléré : « Avant, on avait le temps de discuter un peu, on avait le temps de faire prendre l'air à la personne pendant cinq minutes. Ça s'est dégradé au niveau des heures : j'ai commencé j'avais une heure pour faire l'intervention. Maintenant, nous n'avons plus que trente minutes pour faire la même chose. On a parfois l'impression de bousculer les personnes âgées et de faire de la maltraitance. »

Et nous le notions déjà, dans notre rapport, rendu avec le député macroniste Bruno Bonnell : « Les accidents du travail sont trois fois plus fréquents que la moyenne, avec un indice de 94,6 accidents du travail pour 1 000 salariés. En dix ans, la sinistralité de ce secteur a augmenté de 45 %. Celle des EHPAD et de l'aide et du soin à domicile dépasse d'un tiers celle du secteur du bâtiment et travaux publics (BTP). »

Pourquoi ces données, catastrophiques, ne sont pas connues, débattues, combattues ? Parce que ce sont des métiers de femmes ? de femmes populaires ? de femmes populaires et souvent immigrées, cumul de fragilités ? Parce qu'elles exercent dans le privé, dans les logements, les appartements ? Parce qu'elles n'exercent pas un « vrai métier », plutôt une « vocation » ?

D'ailleurs, ces femmes rejoignent souvent ces professions sans formation, ni aux gestes, ni aux postures, ni aux risques : « J'ai commencé en janvier 2006. Mon premier contrat, c'était d'aider une personne alitée : il fallait la lever, lui faire la toilette, lui préparer le petit-déjeuner et tout ça sans une journée pour m'expliquer, pour me former ! »

*

« Quand on a découvert le métier, on est tombé de l'armoire. » Président de Pros-consultes, chargé d'écouter, de guider les aides à domicile en difficulté, Jean-Pierre Camard en demeure stupéfait : « C'est une fierté de prendre en charge une profession aussi sinistrée. On joue un peu un rôle de Samu… Avec l'aide à domicile, on se croirait dans du Zola. »

Les mauvaises conditions de travail (rémunération, horaires, pénibilité, temps de travail) expliquent à 89 % le fort *turn-over* dans ces métiers. La « mauvaise orientation » des candidates ne représente que 11 % des motifs de *turn-over*.

MOTIFS D'ABANDON DU MÉTIER D'AIDE À DOMICILE

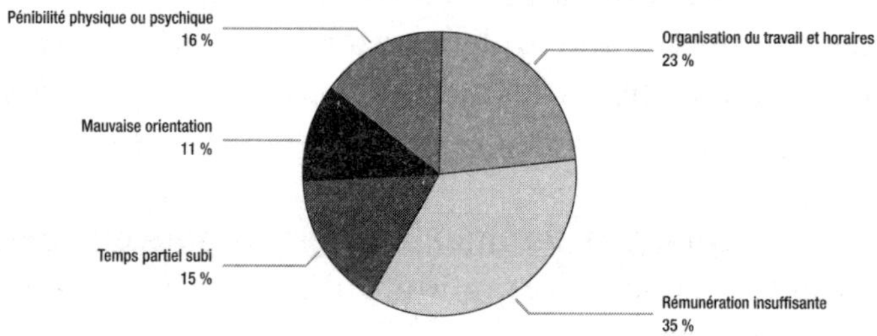

Source : édition 2017 du rapport de la branche de l'aide, de l'accompagnement, des soins et des services à domicile.

« Quand j'étais responsable de secteur, raconte une ex-cadre d'association, la plus grosse difficulté, c'était de trouver quelqu'un, des gens pour faire le travail. À tel point que, le week-end, parfois, je suis allée m'occuper de personnes âgées, sans avoir aucune compétence, sans même en avoir le droit, mais je ne pouvais pas laisser les personnes dans leur lit, pas lavées, sans manger ».

Et avec du coup, forcément, un malaise du côté des aidés : « On a écœuré celles qui avaient une appétence pour le métier, relate Odile Maurin, la présidente de Handi-Social. Les services d'aide à domicile sont gérés comme une petite industrie. Parfois, mes camarades voient soixante auxiliaires dans un seul mois ! Ce *turn-over* complique tout. On s'épuise à expliquer trente fois la même chose et donc cela peut aller très vite au "*clash*". Ça m'est arrivé de faire pleurer des auxiliaires de vie sociale. Quand vous êtes maltraitée, vous êtes sur la défensive et cela ne se passe pas bien ! »

*

Cette crise faisait, déjà, plus que couver. Mais elle a éclaté avec le Covid, est devenue évidente même au sommet.

Mathieu Klein, président du Haut Conseil du travail social, vient ainsi de rendre un livre blanc à Olivier Dussopt et Aurore Bergé. Un pamphlet.

« Jamais dans son histoire le secteur du travail social n'a connu une crise aussi intense. Les difficultés de recrutement sont majeures tant pour les employeurs que dans les écoles de formation. Cette tendance est à l'œuvre depuis longtemps mais elle s'est accélérée avec la crise sanitaire. Le travail social est aujourd'hui dans une situation de rupture.

Depuis les années 2000, le décrochage des salaires est largement vécu comme une déconsidération des métiers du travail social. Au-delà des salaires, la perte de sens semble aussi liée aux conditions de travail dégradées : faibles ratios d'accompagnement, management par le chiffre, bureaucratisation, empilement des dispositifs, complexité des modalités de financement, démultiplication des appels à projets, risque de "marchandisation de l'offre"

[...] Les professionnelles manifestent une réelle fierté de leur travail, qui incarne des valeurs de solidarité et d'engagement. Mais elles formulent une critique du fonctionnement des institutions et du mode de conduite des politiques sociales qui "empêchent" d'exercer correctement son métier et de produire un travail de qualité.

*

« Je suis mandataire, mais c'est mon dernier jour aujourd'hui : j'ai démissionné. Je pars comme assistante sociale à la médecine du travail, pour

400 euros de plus. Alors que, pourtant, j'aime mon métier. »

Un midi, je rendais visite aux travailleurs sociaux, pas en grève mais presque, de l'Association tutélaire de la Somme. Ils et surtout elles protestent autour du Ségur, des 183 euros que « toutes et tous ne touchent pas », « qui ne sont pas du salaire », « juste une prime, qui n'est pas financée en plus », etc. Mais je viens, moi, parce que leur malaise me paraît plus profond : on cause de rémunérations, et ça compte, bien sûr, mais ça masque souvent pire, la perte de sens.

Juliette poursuit :

« Quand j'étais étudiante, je me disais : "Le salaire, on s'en fiche." Mais là, bac +3 à 1 330 euros, avec quand même la mutuelle et des tickets restau… Je peux me payer une bière de temps en temps, mais partir en vacances, en revanche, 'faut pas que j'y pense…

– 'Y a que le salaire qui pose souci ?

– Non, on a le sentiment de bidouiller. Déjà, parce que notre travail, c'est de plus en plus dans les bureaux, à remplir des dossiers, pour s'assurer que nos majeurs protégés perçoivent leur Allocation handicapée, leur CMU. Et ça laisse moins de temps pour les voir. Et surtout, nos partenaires lâchent.

– Vous pouvez me donner un exemple ?

– Je m'occupe d'une majeure qui est en hôpital psychiatrique. Ils devaient la garder, un an environ, jusqu'à trouver une solution stable, claire, pour son logement. Mais à Pinel, des services ferment, les listes d'attente sont énormes, et leur objectif, maintenant, c'est de faire sortir le plus vite possible. On pousse les patients dehors. Donc on va mettre mon adulte dans un appartement, mais qui n'est pas propre, avec les volets qui ne s'ouvrent pas, sans des interlocuteurs dehors. C'est sûr que ça ne va pas tenir, sa sortie n'est pas étayée.

– Et vous la voyez tous les combien ?

– Tous les trois mois.

– Est-ce qu'il y a des gens que vous allez regretter ?

– Oui, parce qu'on construit des liens. 'Y a un monsieur qui vit seul, il est passionné de musique. Chaque fois que je vais chez lui, il me raconte un concert, parce qu'il a assisté aux Pink Floyd, etc. Il m'a demandé mon numéro, mais je ne lui ai pas donné. »

Je glisse un mot, pour les remercier, elles toutes, eux tous : « Vous faites tenir le pays, tant bien que mal, quand il se barre en sucette. » Ils approuvent. C'est tout à fait ça, en sucette. Je poursuis : « La société devient de plus en plus dure, surtout le monde du travail, qui exclut les fragiles… Vous, vous êtes un peu les serpillières de la République. » Elles approuvent moins, ça leur plaît pas trop comme formule. Je continue : « Ben oui, mais le navire prend l'eau de partout, et on vous demande de colmater avec des rustines…

– Et encore ! Quand on nous fournit les rustines ! »

C'est le directeur qui s'exclame ainsi.

Je le suis dans son bureau : il me remet une grosse étude, réalisée par un cabinet d'experts, et résumée dans *Le Monde*. « Ça dit, en gros, que les mandataires font économiser un milliard d'euros à la société. Quand l'État investit 1 euro sur nous, ça rapporte 1,50 euro. Pourquoi ? Parce qu'on évite des soucis plus gros, que nos usagers aillent à l'hôpital, ou qu'ils s'endettent, ou qu'ils soient poursuivis au tribunal… Mais en ce moment, l'État n'investit pas sur nous ! Du coup, je suis d'accord avec nos salariés : on paie mal, très mal. On cherche une secrétaire, mais à nos tarifs, personne ne veut… Le comptable, bon, j'espère le trouver cette après-midi. Mais les travailleurs sociaux, c'est la pénurie. Ils sont dévoués, ils ne font pas ça pour l'argent, mais 'y a des limites : avec les autres associations, on passe notre temps à se les piquer, c'est stupide. Alors qu'on leur en demande toujours plus, on nous met des normes sur le dos : "il faut augmenter la qualité de ceci", très bien… "il faut respecter les droits des uns", très bien… Je ne conteste pas, mais du coup, ils passent plus de temps à remplir des dossiers, à évaluer, qu'à être sur le terrain.

– Ils n'ont plus le sentiment de bien faire leur métier ?

– Exactement. On les a usés. Avant, j'avais très peu d'arrêts. Aujourd'hui, non seulement j'en ai davantage, mais ils sont beaucoup plus longs. Ce sont des gens qui ont pris sur eux et qui n'en peuvent plus. »

*

Ce naufrage est criant dans l'aide aux personnes âgées : le pays vieillit, va encore vieillir, nous avons une crise démographique à affronter. Dans la presse régionale, déjà, les annonces se multiplient : « La Gironde fait face à une pénurie d'aides à domicile : c'est un beau métier, mais ce n'est pas facile » (*France Bleu Gironde*), « Services à la personne dans la Vienne : de la difficulté à recruter » (*La Nouvelle République*), « Aide à domicile, le métier le plus en tension de Bretagne : comment éviter la crise ? » (*Ouest-France*).

Ce devrait être, dès lors, la priorité des pouvoirs publics : combattre ce malaise au travail, qui ruine ce secteur, qui produit 90 % des *turn-over*. Garantir statut et revenus, horaires et salaires. Pour lutter contre les accidents du travail, certes. Pour la santé des salariées, oui. Mais pour la société, également : tout le médico-social est en train de craquer. Les structures s'effondrent lentement. Non par absence de bonnes volontés, de « vocations », mais parce que le mal-travail les use, les dégoûte, les tue.

CHAPITRE 13

Le *blues* du public

« Après la police de proximité », énonce Thierry Clair, de l'Unsa-Police, « on est entrés dans la politique du chiffre, lancée par Nicolas Sarkozy. Depuis, les fonctionnaires sont évalués au résultat. L'ensemble des rapports humains et hiérarchiques ont changé. C'est très difficile d'en sortir. »

Car, pour nos interlocuteurs, il faut « en sortir ». Cette « politique du chiffre » confine à l'absurdité.

LÉO MOREAU, de la CFDT : On a attrapé la « bâtonnite ».

LE RAPPORTEUR : Pardon ? C'est quoi ça ?

LÉO MOREAU : Comme les écoliers, on rentre au commissariat, on fait des bâtons dans nos cahiers. Une, deux, trois interpellations. Il vaut mieux arrêter deux shiteux qu'un trafiquant, c'est mieux pour les statistiques…

Le mal-travail, avec son « *lean* » et ses « planneurs », n'a pas limité ses dégâts au privé. Dans les services publics aussi, les changements d'organisation se sont succédé, ont bouleversé le sens des métiers, regardés de loin, comme un travail abstrait.

« De l'extérieur, de la police, on a une image d'un fort esprit de corps, note la sociologue Élodie Lemaire. Mais en réalité, tout ça est complètement cassé. Par exemple, le fait de manger ensemble, de boire un coup tous ensemble après une belle affaire, etc. Ça se fait de moins en moins. S'y mêlaient toute la hiérarchie, les officiers, les sous-officiers, les gardiens de la paix… C'était aussi une manière d'échanger, de parler du travail, de recadrer : qu'est-ce qui fonctionne bien ? Qu'est-ce qu'on a raté ? C'était un temps, officieux, de retour critique.

Mais les réformes ont cassé ce corps. Avec, déjà, une division horizontale du travail : avant, le service d'investigation comptait trois grosses unités, qui recevaient les plaintes, qui les choisissaient, qui les priorisaient, avec une relative autonomie. Les brigadiers et les officiers travaillaient de concert… Or, depuis le début des années 2000, on a découpé ce même service d'investigation en une quinzaine de petits services spécialisés (contre les violences conjugales, contre les vols de portable, contre les cambriolages, etc.), avec des agents spécialisés, qui travaillent dans leur couloir, qui échangent peu entre eux. »

S'est renforcée, aussi, une division verticale du travail : « Avec le *New Public Management*, les commissaires sont passés de "chef de service" à "manager de service". Ils contrôlent les tâches de leurs subalternes, avec déconnexion. Au début des années 2000, lorsque l'État a lancé ces réformes, en appelant à la "modernisation", les commissaires étaient emballés, on leur promettait des évolutions de carrière, de faire l'ENA, etc. En réalité, leur autonomie a été réduite, notamment par le recours aux statistiques, aux remontées de taux, etc. Tout en haut, il n'y a plus que les chiffres qui comptent. »

*

C'est tellement connu pour l'hôpital : les réformes hospitalières qui épuisent, le « travail concret » des soignants, des infirmiers, qui se heurte au « travail abstrait », imposé par les Autorités régionales de santé, via notamment la tarification à l'acte, les chiffres l'emportent sur les corps, la gestion sur les soins, et les vocations qui en sont découragées : la moitié des infirmières démissionnent avant dix ans.

C'est tellement connu que, dans une manifestation d'enseignants, une pancarte affichait :

« L'école est un hôpital comme les autres. » Car là aussi : « À force de réformes, de re-réformes, de contre-réformes, on n'a plus envie… »

Quel univers, plus que l'école, connaît des changements permanents ? À donner le tournis, avec les parents qui ne parviennent plus à suivre : les spécialités à choisir, des bouts de bac en mars, puis remis en juin, les carnets et les devoirs sur Pro-Notes, l'entrée à la fac sous les algorithmes de Parcours Sup, l'IUFM supprimé, remplacé par plus de formation du tout, puis on remet des ESPE, et enfin des INSPE... En plus des bas salaires, cette farandole fait perdre son goût au « plus beau métier du monde ».

Ces décisions, à répétition, se traduisent concrètement, dans leurs salles de classes.

Ainsi au lycée pro de Villeneuve-sur-Lot : « En CAP, avec les élèves les plus faibles, il me reste une heure de français par semaine, une demi-heure d'histoire-géo. Qu'est-ce que je peux leur apporter ? Alors qu'avant, on avait cinq heures en tout, et deux heures de “vie sociale et professionnelle” : pour leur apprendre à lire un contrat de travail, une fiche de paie... Mais ils ont tout cassé, tout saucissonné. La rentrée scolaire, c'est : “Qu'est-ce qui va nous tomber sur le nez ?”... On est rentrés par passion, mais tout le monde se fantasme ailleurs : “Comment on va se reconvertir ?”... »

Les démissions, longtemps inexistantes, se sont multipliées : par huit en une décennie. Surtout, les concours ne sont plus remplis, et des postes demeurent vacants à la rentrée.

« Concrètement, dans une journée d'instit, il y a Colin qui ne fait que des conneries parce qu'il exprime son mal-être. Il y a Simon qui tape tout le monde et qui crée des conflits à gérer. Il y a Enzo dont il faut appeler les parents parce qu'il n'est jamais là. Il y a Lina qui vient te montrer son poème où elle dit qu'elle veut mourir et que sa maman a lu en soulignant les fautes d'orthographe avant de lui rendre. (C'est du vécu.) Il y a Sylvia qui vient raconter sa vie et qu'il faut prendre le temps (quand ?) d'écouter… etc., etc., etc. »

En « épuisement total », Jézabel exprime une « fatigue émotionnelle ». Mais ce qui l'a brisée, c'est le « système hyper hiérarchisé qui ne doit rien à l'armée, il y a les brimades, les humiliations : c'est le moment où ton barème est rétrogradé parce qu'un inspecteur a décidé de changer de critère et de compter tes bébés mais que toi tu n'as jamais pu en avoir. On sanctionne ta défaillance ovarienne. C'est le moment où tu bosses comme une malade l'entretien pour enseigner aux enfants étrangers nouvellement arrivés et on te dit "avis défavorable" sans t'expliquer pourquoi. (J'ai appris après par le syndicat que les postes étaient "réservés" en amont…) C'est le moment où une inspectrice est bloquée à la porte de l'école parce que la sonnette est en panne et elle passe ensuite ses nerfs sur toi pendant ton inspection, jusqu'à ce que tu en chiales. »

C'est l'école, à lire les sociologues du travail, c'est l'école, avec ses « filières d'élite » et ses « voies de garage », c'est l'école qui engendrerait, en France, dans les entreprises, une « distance hiérarchique mais aussi sociale entre les "sachants", issus de grandes écoles d'ingénieurs ou de commerce, et les subalternes, dont on attend avant tout qu'ils exécutent. » Mais l'école est elle-même très hiérarchisée. Comme dans une usine, les changements tombent d'en haut, du ministère, sans consultation, sans écoute, sans influence.

Après l'attentat terroriste à Arras, dès le lendemain, le ministre Gabriel Attal s'est rendu au lycée Gambetta. Pour rendre hommage à l'enseignant décédé, Dominique Bernard. Et pour échanger avec ses collègues. « Au début personne ne voulait parler. À quoi bon ?, me raconte une amie, professeure là-bas. On est échaudés. C'est pas tant le ministre que l'institution. Jamais elle ne nous écoute. On va se débrouiller tout seuls, à la fin. Et puis, il y avait de la colère. Parce que le gamin était déjà radicalisé, il provoquait dans certains cours, sur le christianisme, sur les Romains, sur la laïcité. La famille, on savait qu'elle était violente. Le copain qui enseigne justement l'histoire, il l'avait remonté en conseil de classe… Rien ne s'est passé.

Même sur des petites choses. Ça fait des années qu'on demande des plots de béton devant l'entrée, parce qu'on avait peur qu'une voiture rentre dedans. Eh bien, tu poses le problème, dans les fameux conseils d'administration, avec les représentants de la Région, les élus parents, etc. Tu écris, tu relis le PV de séance, tu y reviens chaque année… et finalement, rien. Tu n'as même plus envie de siéger dans ces conseils. Moi, ailleurs, je me suis bagarrée comme ça sur l'amiante dans un collège. Mais rien.

On a connu d'autres drames, l'an dernier, au lycée, des suicides : pour les cérémonies, pour accompagner les élèves, on attendait de l'aide du rectorat. Au début, il y a des cellules psychologiques. L'institution nous assure de son soutien et à la rentrée suivante, il manque pourtant des CPE et des psys… et on a une infirmière pour six cents élèves ! Tu es censé être vigilant à leur égard, repérer les signes de mal-être. Mais je fais un signalement pour viol sur une collégienne. L'année suivante, le commissariat me rappelle : le signalement a été perdu, je dois le refaire. En attendant, je croise l'élève à la cantine, elle me chuchote « vous avez des nouvelles, vous ? » Et quand Salomé, anorexique, arrive en sanglots, je fais comment ? « Madame j'en peux plus… » mais en face la réponse c'est : « poste vacant », « suppression d'heures », calcul de ratio.

Olivier lui a dit, au ministre, à la fin : "Faut nous faire confiance. On est des professionnels." »

*

Et la Justice, à bout de nerfs, à son tour.

« Notre rentrée a commencé devant l'église Saint-Michel de Lille, lundi 30 août. Nous enterrions Charlotte, notre jeune collègue de 29 ans, qui s'est suicidée le 23 août. Cela faisait deux ans qu'elle était magistrate, juge placée, envoyée de tribunaux en tribunaux pour compléter les effectifs des juridictions en souffrance du Nord et du Pas-de-Calais. Charlotte mesurait la charge de travail et le niveau d'exigence qu'elle devait atteindre pour devenir la magistrate humaine et rigoureuse qu'elle souhaitait être. Nous souhaitons affirmer que son éthique professionnelle s'est heurtée à la violence du fonctionnement de notre institution. »

C'est un appel, paru dans *Le Monde* le 23 novembre 2021, signé par plus de trois mille magistrats. Et qui dénonçait, notamment, une « justice qui raisonne uniquement en chiffres ».

« À ces conditions de travail difficiles s'ajoutaient des injonctions d'aller toujours plus vite et de faire du chiffre. Mais Charlotte refusait de faire primer la quantité sur la qualité. Elle refusait de travailler de façon dégradée. À plusieurs reprises, au cours de l'année qui a précédé son décès, Charlotte a alerté ses collègues sur la souffrance que lui causait son travail. Comme beaucoup, elle a travaillé durant presque tous ses week-ends et ses vacances, mais cela n'a pas suffi. Se sont ensuivis un arrêt de travail, une première tentative de suicide. Nous souhaitons affirmer que Charlotte n'est pas un cas isolé.

C'est pourquoi nous, magistrats judiciaires, qui ne prenons que très rarement la parole publiquement, avons décidé aujourd'hui de sonner l'alarme. Autour de nous, les arrêts maladie se multiplient, tant chez les nouveaux magistrats que chez les magistrats plus expérimentés. L'importante discordance entre notre volonté de rendre une justice de qualité et la réalité de notre quotidien fait perdre le sens à notre métier et crée une grande souffrance.

Nous, juges aux affaires familiales, sommes trop souvent contraints de traiter chaque dossier de divorce ou de séparation en quinze minutes et de ne pas donner la parole au couple lorsque chacune des parties est assistée par un avocat, pour ne pas perdre de temps.

Nous, juges civils de proximité, devons présider des audiences de 9 heures à 15 heures, sans pause, pour juger 50 dossiers ; après avoir fait attendre des heures des personnes qui ne parviennent plus à payer leur loyer ou qui sont surendettées, nous n'avons que sept minutes pour écouter et apprécier leur situation dramatique.

Nous, juges des enfants, en sommes réduits à renouveler des mesures de suivi éducatif sans voir les familles, parce que le nombre de dossiers à gérer ne nous permet pas de les recevoir toutes. »

L'un des signataires, Jean-Pierre, 65 ans, juge dans le Gard, témoigne dans le livre d'Alain Alphon-Layre, *Et si on écoutait les experts du Travail? Ceux qui le font*: «Sur le tribunal de Nîmes, si nous devions être dans la moyenne européenne et seulement la moyenne, nous sommes 39 magistrats du siège, il en faudrait 99 ; il y a 13 magistrats du parquet, il en faudrait 62 et enfin il y a 139 greffiers et personnels administratifs, il en faudrait 259. Après de tels chiffres, tout le reste n'est que littérature.

Les conséquences sont bien sûr l'allongement des délais et la dégradation de la qualité du travail. Par exemple, un juge des affaires familiales a 25 dossiers de divorce et doit donc recevoir 50 personnes qui ne sont pas toujours d'accord sur tout, bien évidemment. Ces gens attendent dans le couloir juste à côté de mon bureau, dans des conditions matérielles déplorables: il n'y a qu'un banc qui est vite occupé, ils sont donc assis sur les marches de l'escalier voisin, attendant que le juge les reçoive, sachant qu'il n'aura que 3 à 5 minutes à leur consacrer pour rendre son jugement (qui peut impacter la garde des enfants lorsqu'il y en a), ce qui ne correspond pas à une Justice digne de notre pays!»

Quant à la prévention, elle repose surtout sur «la protection judiciaire de la jeunesse qui, elle aussi, n'a pas les moyens de suivre les personnes. Nos jugements ne sont pas suivis d'effet et les situations s'aggravent. Pourtant s'il était fait le calcul entre un an de prison et un véritable suivi d'un jeune par un éducateur, nous y gagnerions sur tous les tableaux. Malheureusement, aujourd'hui, lorsqu'un éducateur reçoit un jeune, il lui donne un prochain rendez-vous six mois plus tard par manque de temps. »

Dans leur tribune, les trois mille magistrats concluent :

« Aujourd'hui, nous témoignons car nous ne voulons plus d'une justice qui n'écoute pas, qui raisonne uniquement en chiffres, qui chronomètre tout et comptabilise tout. Nous, magistrats, faisons le même constat que les justiciables. Nous comprenons que les personnes n'aient plus confiance aujourd'hui en la justice que nous rendons, car nous sommes finalement confrontés à un dilemme intenable : juger vite mais mal, ou juger bien mais dans des délais inacceptables. »

*

Policiers, enseignants, infirmiers, postiers, cheminots, etc., pourraient en dire de même : « faire vite mais mal », tout « comptabiliser », tout « chronométrer ». Le collectif « Nos services publics » a publié, en 2020, une étude sur la perte de sens dans la fonction publique : 80 % des agents se déclaraient « confrontés "régulièrement" ou "très fréquemment" à un sentiment d'absurdité dans l'exercice de leur travail ».

Le «*New Public Management*» participe largement de ce découragement. Jusque dans les collectivités, où – d'après la Cour des comptes – le taux d'absentéisme a grimpé, et ne redescend plus : aux alentours de 10 %. « L'analyse réalisée sur un échantillon de 1 118 agents publics permet d'indiquer que le *New Public Management* a un impact sur l'épuisement professionnel par l'intermédiaire de ses effets sur la charge de travail perçue par les agents et sur le climat de violence psychologique. » (Emmanuel Abord de Châtillon et Cécile Desmarais, *Revue de Management international*)

Comment lutter contre ? Par la participation des agents. C'est la conclusion de Fatéma Safy-Godineau, Amar Fall et David Carassus : «Quelles politiques pour limiter l'absentéisme dans le secteur public local ?» Les villes d'Orléans (Loiret), Antibes (Alpes-Maritimes), Alès (Gard) ont mis en œuvre ce dialogue, des temps d'échange. Avec, à la clé, «d'une part, une baisse de l'absentéisme, du *turn-over*, du coût des assurances, du présentéisme, des griefs et conflits sociaux et, d'autre part, une nette amélioration du climat social, de la motivation et de l'implication des agents, de la créativité et de la qualité des décisions prises. Cette démarche a redonné du sens aux projets et changements entrepris et redynamisé la confiance organisationnelle. »

CHAPITRE 14

Auto-entrepreneurs, la nouvelle frontière

« Tu gagnes combien, finalement ?

– En moyenne, avec 50 heures par semaine, je fais 1 500 brut. On enlève les 22 % des plateformes, ça fait déjà 1 200 euros. Plus la mutuelle et la prévoyance, on est à 1 000 euros net. » Nous accompagnons Jérémy, à Bordeaux, lors de ses courses de livreur pour Uber. En attendant des sushis, il nous décrit ses soucis : « J'ai éclaté mon téléphone la semaine dernière : 300 euros en moins de ma poche. Du coup, les trois quarts des livreurs ne prennent pas de prévoyance. Moi, j'ai testé, mais j'ai chopé une pneumopathie en 2018, pendant un mois et demi je l'ai senti passer… Ah, ça y est, ils ont fait vite. » Les mets sont prêts, emballés dans les sacs plastiques, parés pour décoller.

C'est la grande transformation du marché de l'emploi, sous Emmanuel Macron : l'explosion des auto-entrepreneurs. D'après l'Insee, leur nombre a doublé depuis 2017 ! Dans l'Union européenne, seule la Hongrie fait mieux. Ou pire. Car, bien sûr, cette démarche peut relever d'une volonté, « devenir son propre patron », « se lancer dans une aventure », voire s'échapper d'un salariat en souffrance. Mais c'est aussi contraint, contraint parce qu'on ne trouve pas de poste, contraint parce que l'employeur l'impose :

« En septembre, raconte Cassandre, qui sort d'une école de journalisme, comme je ne trouvais pas de travail dans mon métier, je me suis inscrite pour des missions par Staffme, une boîte d'intérim pour les étudiants et les jeunes. Enfin, c'est même pas de l'intérim, on doit se mettre en auto-entrepreneur. J'ai beaucoup travaillé pour Jacadi, où j'ai fait de la vente dans plusieurs boutiques à Paris.

– Ça veut dire que tu es dans le magasin, aux côtés des autres salariés, mais que toi, tu n'es même pas intérimaire, tu es supposée être auto-entrepreneure là-dedans ?

– Oui, et sans aucune garantie. Ça se passait très bien jusqu'à ce que les magasins ferment. En janvier, j'avais fait 978, ça allait. Avec 316 euros en mars, je n'avais plus de quoi payer mon loyer, encore moins me nourrir. »

EXPLOSION DES CRÉATIONS D'ENTREPRISES

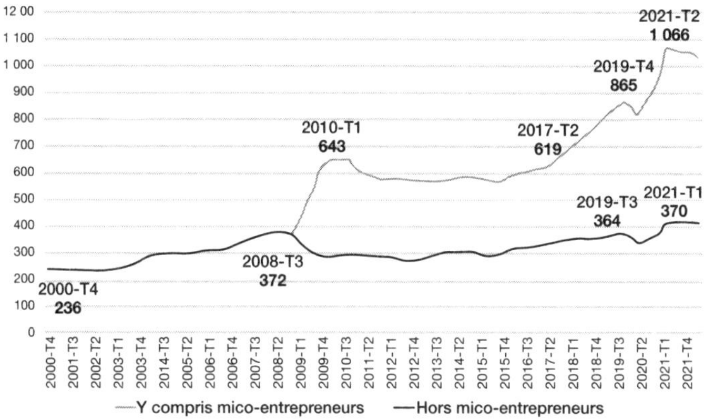

SOURCE : INSEE.

Aucun secteur n'est à l'abri, pas même l'industrie :

« Chez nous, ils recrutent au Smic, témoigne un chef d'équipe dans l'agro-alimentaire. Forcément, ils ont du mal à trouver, ça démissionne tout le temps. 1 250 euros pour jeter toute la journée des sacs de 25 kilos… C'est usant. Alors qu'on le sait : la boîte se porte très bien. Mais ils nous répètent qu'avec la concurrence en Roumanie…

– Que dit le syndicat ?

– 'Y en a pas. On reste à 49 salariés, sous le seuil. Avec quinze intérimaires tout le temps, et une dizaine d'auto-entrepreneurs.

– Des auto-entrepreneurs sur place ?

– Oui, d'ailleurs mon patron, il m'a proposé ça : de démissionner et de passer auto-entrepreneur. "On y gagnerait tous les deux", il m'a dit. Je toucherais plus, et il paierait moins de charges. Mais avec quels droits à la retraite, au chômage, à la Sécu ? »

Et jusque dans les plus grandes entreprises : « Avant, témoigne Alain, cégétiste, plus de la moitié des Chantiers de l'Atlantique, c'étaient des ouvriers. Aujourd'hui, à Saint-Nazaire, sur les 3 200 salariés, la majorité sont des cadres. Par contre, ils emploient 7 000 sous-traitants. En gros, on sait qu'il y a pas mal de travailleurs détachés dedans, des intérimaires, des auto-entrepreneurs...

– Des auto-entrepreneurs aussi ?

– Oui, ils font ça maintenant. L'autre fois, ils sont allés voir les gars d'une boîte de sous-traitance espagnole qui bossaient avec nous. Ils ont proposé aux cinq de basculer en auto-entrepreneurs.

– Et ils ont accepté ?

– Oui. Notre direction est arrivée avec les contrats sous le bras, le modèle pour qu'ils fondent leur entreprise. Quatre sur cinq ont accepté, leur boîte a dû fermer. Mais on est habitués : la direction a toujours été à la pointe sur les "montages exotiques". Elle a une armée d'experts juridiques et financiers qui ne servent qu'à ça : dès qu'une loi sort, ils cherchent comment la contourner ou en tirer profit. »

Avec, bien sûr, des pans de l'économie qui ne sont pas seulement « contaminés » à la marge, mais tout entiers gangrénés, dominés, avalés par un « auto-entrepreneuriat sans le choix ». Ainsi, on le sait, des livreurs. Qui sont payés « à la course », et donc enclins à courir, à pédaler au plus vite, à leurs risques et périls.

*

« Il faut courir après les commandes, raconte Mehdi à *Rue89 Strasbourg*, aller vite tout le temps, et satisfaire tout le monde. C'est ce qui a provoqué mon accident. En voulant faire vite, je suis tombé sur mon pied au parc de l'Étoile. J'ai dû arrêter ma livraison pour aller à l'hôpital faire des radios. Le médecin m'a dit d'arrêter de travailler pendant dix jours. J'ai dû reprendre au bout d'une semaine alors que j'avais encore mal parce que je n'avais pas le choix, je n'ai pas d'autre source de revenus. On est payé des miettes alors on va toujours plus vite pour prendre un maximum de commandes. C'est angoissant et stressant. »

Longtemps, les non-salariés ont semblé, sinon à l'abri, du moins mieux protégés de la souffrance au travail. Ainsi la Dares titrait, en 2013, sur « la singulière bonne santé des indépendants ». Avec une incidence d'accidents, notamment, deux fois inférieure aux salariés.

Mais, en 2021, une étude de l'Insee précisait : « Ces dernières années ont été marquées par l'ubérisation de la société, avec le développement de "faux" travailleurs indépendants, un changement qui pourrait mettre les jeunes travailleurs indépendants dans une situation économique plus précaire que celle de leurs aînés. » Et les auteurs de conclure : « Du point de vue des politiques publiques, cela suggère que la stratégie Europe 2020, qui recommande de développer le travail indépendant en Europe, est difficilement compatible avec des objectifs de santé publique. »

« Il y a quelques mois, explique Florent, un livreur s'est explosé la tête en glissant avenue de Colmar alors qu'il roulait en trottinette électrique. En plus d'une fracture au coude, il a eu un point de suture et a gardé une belle cicatrice au visage. Il a dû être arrêté huit semaines mais n'a été indemnisé par sa plateforme que pendant un mois. Le pire, c'est que lorsque tu signales ce genre d'accident, la société de livraison demande souvent si la commande a été endommagée avant de savoir si tu vas bien… »

Le gain est double pour les plateformes : pas de « charges », ou bien peu, à cotiser. Mais surtout ne pas payer les temps morts, les temps d'attente, les temps improductifs. Le temps-argent, toujours, comme clé.

Les plateformes disposent ainsi « d'une main-d'œuvre disponible en surnombre, analyse Arthur

Jan, doctorant au Cnam, leur permettant de faire face aux pics d'activité, sans avoir à rémunérer ces travailleurs aux heures creuses. On en revient à la question du statut. Avec le salariat, la rémunération est garantie, le risque économique est donc assumé par l'entreprise. Avec le statut d'auto-entrepreneur, le risque économique est porté par le livreur. »

*

Le risque économique, et le risque tout court, même.

Non-salariés, ces auto-entrepreneurs sont sous les radars, hors des statistiques et des rapports officiels. Il faut compter, dès lors, sur des chercheurs pour lever un coin du voile. Ainsi d'une étude de l'Institut français des sciences et technologies des transports sur les livreurs des plateformes à Paris et en petite couronne. « Plus d'un quart (26,4 %) des enquêtés ont déjà subi un accident dans le cadre de leur activité de livreur. Les livreurs auto-entrepreneurs sont les plus nombreux à avoir déclaré avoir déjà subi un accident dans le cadre de leur activité de livraison : 46,2 %. Les livreurs salariés sont les moins touchés par les accidents puisque seuls 13,2 % ont déclaré avoir déjà subi un accident. » Près de quatre fois moins : le salariat demeure une (relative) protection.

Pour la fondation MGEN, la sociologue Cynthia Srnec a mené une étude : sur son échantillon de

236 livreurs, 96 % sont auto-entrepreneurs. 67 % ne dépassent pas le Smic. 51 % ont subi des accidents et/ou agressions. Plus de la moitié (57 %) n'ont pas déclaré leurs accidents. 68,5 % déclarent être couverts par la Sécurité sociale, mais majoritairement via un proche, une souscription personnelle ou bien un autre emploi. Et 6 % seulement via leur plateforme.

« Le paiement à la course est accidentogène, déplore l'avocat Kévin Mention. C'est d'ailleurs bien pour cela qu'il est interdit dans le cadre du salariat. »

Jusqu'à des tragédies – qui, une fois encore, ne sont pas comptées dans les « morts au travail » :

– Le 17 janvier 2019, Franck Page, étudiant de 18 ans, livreur auto-entrepreneur à Bordeaux pour compléter sa bourse d'études, est fauché par un camion alors qu'il portait un repas.

– Le 8 août 2019, Mourad Bouhichecha, un Alsacien de 24 ans chute à vélo lors d'une livraison pour Deliveroo, et tombe dans le coma. La société Deliveroo annonce que ses frais médicaux seront pris en charge. Mais des mois plus tard, sa famille restait sans nouvelles de l'entreprise. Lui est finalement décédé.

– Le 4 mai 2021, Rumel Ahmed, livreur pour UberEats, est heurté par un camion près de la porte de la Chapelle, à Paris. Il meurt sur le champ.

– Le 6 mai 2021, Chahi, livreur de 41 ans, une femme et quatre enfants, est tué lors d'un accident à Sotteville-lès-Rouen. Etc.

Et même la mort coûte moins cher ! À la famille de la victime, l'assurance des plateformes propose une somme de 50 000 euros. Tandis que cela avoisine, en moyenne, un million d'euros pour un salarié, avec la rente versée.

*

« Je ne vais pas interdire Uber et les VTC, proclamait Emmanuel Macron. Ce serait les renvoyer vendre de la drogue à Stains ! » C'est une joyeuse alternative qui est offerte à la jeunesse populaire : un sous-sous-statut, ou la délinquance.

L'État, ici, ne vient pas réguler, réglementer, au contraire : il s'agit de laisser-faire. Alors ministre de l'Économie, le même Emmanuel Macron était intervenu, on le sait, pour qu'Uber ne soit pas embêté avec la loi, avec le droit, pour qu'il soit tordu et que les plateformes s'assoient dessus. À Bruxelles, alors que le Parlement européen – et notamment ma collègue Leïla Chaibi – poussait à la « présomption de salariat », alors que la Commission européenne approuvait cette position, les dirigeants français, le président Emmanuel Macron en tête, ont contre-attaqué, résisté, durant des années. Ce tapis rouge, bien sûr, les *« Uber files »* et le lanceur d'alerte Mark MacGann, lobbyiste d'hier, en dévoilent les dessous, avec des gros chèques de campagne à la clé.

Mais au-delà : que veulent-ils faire au travail ?

En Commission des affaires sociales, le ministre du Travail, Olivier Dussopt, me répond : « Nous avons fait le choix de la présomption d'indépendance. Alors que, si je vous ai bien compris, vous faites le choix de la présomption de salariat. »

Et en effet, il m'a bien compris.

Mais ce n'est pas un choix personnel, c'est le choix du mouvement ouvrier depuis plus d'un siècle, c'est le choix de l'État social qui s'est édifié, c'est le choix de toute une société. Et c'est un choix qu'ils veulent inverser : la part des CDI, dans notre pays, a reculé de cinq points en cinq ans, de 77,2 % à 72,4 %. Le Contrat à durée indéterminé demeure certes la norme, la majorité. Mais avec un sérieux effritement. Et un basculement : pour la première fois depuis l'après-guerre, la proportion des « travailleurs indépendants » progresse. Mais pas n'importe quel « TI » : les « Travailleurs indépendants classiques », artisans, commerçants, agriculteurs, professions libérales, diminuent en nombre, en valeur absolue. Ils sont passés sous la barre des deux millions. Tandis que les auto-entrepreneurs les dépassent désormais, avec plus de deux millions.

Ce sous-statut pèse donc, évidemment, en premier lieu, sur les « auto-entrepreneurs malgré eux » : ils ne bénéficient pas ou peu d'assurance chômage, retraite, Sécu, etc.

Ce sous-statut pèse sur les salariés également, indirectement, avec un autre modèle, moins coûteux pour le patronat.

Il pèse, enfin, sur les « indépendants à l'ancienne », qui embauchent eux-mêmes, qui déclarent à l'Urssaf, qui remplissent les paperasses. Et qui dénoncent, à l'occasion, cette « concurrence déloyale » : le Bâtiment et les Travaux publics compte ainsi 150 000 auto-entreprises, l'un des secteurs les plus fournis.

Encore une fois, il pourrait s'agir d'un outil de liberté, un complément d'activité, et c'est parfois vrai. Mais quand ce sous-statut est ainsi promu, quand il se développe en masse – par millions ! –, c'est qu'autre chose se joue : pour imposer le travail *low cost,* après les délocalisations, la sous-traitance, l'intérim, voilà leur nouvelle frontière.

TROISIÈME PARTIE

SORTIR DU MAL-TRAVAIL

CHAPITRE 15

Prévenir plutôt que (ne pas) guérir

«*Le turn-over*, l'absentéisme et la baisse de la productivité sont une chose, énonçait Xavier Bertrand, alors ministre du Travail, mais le mal-être en est une autre. Le stress, disons-le clairement, c'est aussi un coût économique. Selon le BIT (Bureau international du travail), le coût du stress dans les pays industrialisés s'élève entre 3 et 4 % du PIB.» Et ceci, donc, sans tenir compte de la performance française...

«Pour l'entreprise, poursuivait le ministre, ce sont des pertes en termes de productivité (absentéisme, arrêts de travail) et de qualité. Pour la société, c'est la prise en charge des arrêts de travail, des maladies et des médicaments.»

Mais veut-on s'éviter ce coût?
Veut-on sortir du mal-travail?

Veut-on changer le management ?

Disons-le franchement : jusqu'ici, non.

Le gouvernement laisse faire le mal-travail, ne lutte aucunement contre : quoi sur la sous-traitance mal-traitance ? Quoi sur les contrats précaires ? Quoi sur les troubles psychiques ? Rien.

Au contraire, depuis des années, Emmanuel Macron et son équipe promeuvent, libèrent ce mal-travail : de la suppression des CHSCT (Comité d'hygiène, de sécurité et des conditions de travail) aux critères de pénibilité, de l'ouverture du dimanche à l'accord de branche, du licenciement pour inaptitude simplifié aux indemnités chômage modulées, de la promotion des auto-entrepreneurs au lobbying pro-Uber, du recul de la retraite à 64 ans jusqu'aux chômeurs séniors sanctionnés, ce sont toujours les salariés qui sont fragilisés. Leur assurance, déjà minée, est encore affaiblie. Et les épiphanies de nos ministres, de notre président, leurs promesses d'un « pacte de la vie au travail » ne durent même pas le temps d'un printemps.

*

Quel rôle devraient jouer, pourtant, les pouvoirs publics ? Les chercheurs Damien Cartron et Philippe Askénazy le résument ainsi : « La première étape de ce changement consiste à faire prendre conscience aux organisateurs du travail de leur part de responsabilité, tant dans le privé que dans le public. L'État doit encourager cette transition en tant qu'employeur, donneur d'ordres et par sa police du travail. Il doit également, a minima, éviter de favoriser l'épistémologie du comportement. »

Mais que font les ministres, justement ? De « l'épistémologie du comportement ». C'est-à-dire, en plus simple : plutôt que de critiquer, de transformer les organisations collectives, eux s'en prennent à des individus fraudeurs, aux salariés qui abuseraient des arrêts maladie, à leurs médecins complices.

Ou alors, l'invocation sert d'action : les entreprises, leurs dirigeants, sont « invités » à promouvoir la santé au travail. Ainsi du rapport Lecocq : à « une gestion de la prévention subie sous la contrainte d'intervenants externes », la députée préfère « une culture de la prévention proactive et pilotée ».

Ce document fut remis à la ministre du Travail, Muriel Pénicaud. Alors DRH chez Danone, en 2010, elle avait elle-même rendu un rapport au Premier ministre : « Bien-être et efficacité au travail. » Elle émettait comme première proposition : « 1. L'implication de la direction générale et de son conseil d'administration est indispensable. » Mais *quid* s'il ne s'implique pas ? *Quid* si, au contraire, la direction s'oppose à la moindre mesure ? Le mal-travail, par mille biais, la sous-traitance, le *lean*, la quête du moindre coût, la rentabilité immédiate, le mal-travail est orchestré, organisé, planifié par les directions. Et il faudrait attendre que PDG et actionnaires soient touchés par la grâce ?

Ou encore, la loi du marché viendrait relever le travail. Grâce aux pénuries de travailleurs, nous dit le ministère, « la question de l'attractivité est un levier essentiel ». C'est possible. C'est possible, je l'espère, que pour des salariés, le mal-travail recule, que certains y gagnent la semaine de quatre jours, ou des crèches d'entreprise, ou une salle de jeux pour se détendre. Mais je crains, j'ai la conviction, qu'à laisser faire ainsi « l'offre et la demande », des secteurs y gagneront, d'autres non, et que se creusera davantage la « ségrégation ». De même que, comme l'écrit Olivier Godechot, « inciter les entreprises à verser des primes ou à recourir plus fortement à l'intéressement, afin d'augmenter le pouvoir d'achat, néglige le fait que salariés bien payés et mal payés ne travaillent pas dans les mêmes entreprises et que les possibilités d'implication des entreprises seront toujours plus fortes chez celles, plus profitables et plus volontaires, qui emploient les salariés du haut de la hiérarchie. » Aura-t-on demain, mais c'est déjà le cas : du télétravail sur mesure pour ce « haut », avec baby-foot et tapis de yoga ? Et pour le bas, les horaires hachés et la sous-sous-traitance ? Or, nous sommes une nation, la République, une et indivisible, « l'égalité » au cœur.

Nous ne sommes pas législateurs pour rien : nous croyons à la loi, à la règle commune qu'on se fixe et qu'on respecte, et qui vaut pour tout le pays.

*

Que proposerions-nous, alors, pour le fameux pacte ?

Sans originalité : d'abord de rétablir ce qui a existé.

Les critères de pénibilité, pour commencer.

Via les ordonnances Travail, en 2017, Emmanuel Macron a supprimé quatre critères de pénibilité : port de charges lourdes, postures douloureuses, produits chimiques et vibrations. Or, comme l'écrivent Dominique Méda et Maëzelig Bigi, « sur les quatre items particulièrement représentatifs d'une forte pénibilité physique, la France fait systématiquement pire, non seulement que ses voisins allemands, danois et néerlandais, mais aussi que la moyenne de l'UE. »

Comment combattre des nuisances qu'on se refuse de voir, de mesurer ?

« Le régime des accidents du travail et des maladies professionnelles doit répondre à un but de prévention plutôt que de réparation. » C'est la loi sur la Sécurité sociale, du 30 octobre 1946, qui l'instituait clairement : la « prévention » était à l'époque marquée comme une priorité, mais est depuis largement oubliée, en retrait.

Comme le rappelle Hervé Naton, vice-président du Conseil économique social et environnemental : « À partir de 1945, l'ambition de la prévention est au cœur du progrès de mise en sécurité sociale des travailleurs et de leur famille. Cependant, avec la généralisation de l'accès aux soins, en rendant solvable la population – cruel paradoxe ! –, avec les fulgurants progrès de la médecine, les politiques de santé cessent de s'organiser autour de la démarche de prévention. Puisque les soins, grâce aux conquêtes sociales, bénéficiaient de remboursements, la démarche curative a pris le pas sur la démarche préventive. Dans cette logique, la santé publique devient une discipline marginale, et la prévention le "parent pauvre du système de soins". »

Pour mettre en œuvre cette « prévention », pour de bon, il y faut des inspecteurs du travail, et pas un pour 12 000 salariés, avec 22 % de postes vacants. Il y faut des préventeurs, des conseillers en sécurité, aujourd'hui parsemés, clairsemés. Il y faut une médecine du travail, non pas déclinante, non pas financée par les entreprises, mais indépendante, libre, émancipée, protectrice. Il y faut un virage vers la santé publique. Il faut que la Sécu, l'État, les médecins, en reviennent à cet impératif : prévenir plutôt que (ne pas) guérir. Car des dégâts du mal-travail, le plus souvent, on ne guérit pas.

Le Comité d'hygiène, de sécurité et des conditions de travail, enfin.

En 2017 toujours, Emmanuel Macron lui a coupé les ailes alors qu'il prenait son (lent) envol: « Instance de représentation du personnel longtemps marginalisée dans la dynamique des relations sociales en entreprise, écrit le sociologue Arnaud Mias, les CHSCT ont gagné en puissance au cours des années 2000-2010, sur fond de renouvellement des préoccupations sanitaires et de prise en compte des risques psycho-sociaux, et avec le soutien d'une jurisprudence qui a eu tendance à élargir le champ d'intervention des représentants du personnel dans le domaine. »

Désormais, « dans le meilleur des cas, une commission dédiée du CSE est censée instruire ces sujets. En 2017, 74,6 % des salariés d'entreprises de plus de dix salariés étaient couverts par un CHSCT. En 2019, ils ne sont plus que 46,4 %. » Pour servir le capital, le chef de l'État a donc visé juste: ce comité gagnait en contre-pouvoir.

Cette perte, tous les syndicalistes auditionnés en témoignent. « Avant, avec le CHSCT, raconte un délégué CFDT chez Auchan, on avait un réel pouvoir de mise en sécurité du salarié. » Avec même, estime Jérôme Vivenza, côté CGT, une perte d'informations pour la direction: « Dans les grandes boîtes, les CHSCT, le grand chef au-dessus, on lui apprenait ce qui se passait vraiment dans les ateliers. Avec le système managérial où tout le monde triche sur son *reporting*, on a toujours des indicateurs qui sont au vert mais au bout du compte, on sort des voitures qui ne roulent pas. Mais avec les CHSCT il y avait un syndicaliste qui disait : "Tous les gars qui sont en dessous de vous, ils vous racontent des conneries, ça ne se passe pas du tout comme ça sur le lieu de travail." C'était une instance où le travail réel se voyait vraiment. »

C'est ce « travail réel » qui doit reprendre le pouvoir, contre les planneurs, contre les financiers, contre les champions du travail abstrait. Le « travail vivant » contre le « travail mort », contre un management « d'un autre âge, centré sur les procédures, dépersonnalisé », comme l'écrit Laurent Cappelletti. Et pour faire ce saut, quel levier activer ? Pour que le travail soit considéré comme « un atout », et non plus comme un coût, par où démarrer ?

Par la participation des salariés. C'est la clé.

CHAPITRE 16

Démocratie par le haut, démocratie par le bas

« L'autonomie donnée aux travailleurs, conclut la Dares, permet à une plus grande proportion de ne plus se trouver en situation d'insoutenabilité (-12 points). » C'est la direction que pointent toutes les enquêtes, largement citées ici. C'est l'aspiration qui revient chez tous les sociologues, économistes, syndicalistes, et qui traverse l'ouvrage *Que sait-on du travail ?*. C'est la même orientation qu'on voit dans les rapports officiels, de France Stratégie, des ministères, des assises du travail, ou dans le Livre blanc du Travail social. C'est la revendication qui figurait, déjà, dans le programme du Conseil national de la Résistance : « la participation des travailleurs à la direction de l'économie ».

*

« Les salariés sont moins présents aux Conseils d'administration en France qu'ailleurs en Europe, compare Jean-Baptiste Barfety, inspecteur de l'Igas auditionné. Quand ils sont présents, c'est en moins grand nombre. Dix-huit pays ont instauré, par la loi, une présence des travailleurs, avec en moyenne un tiers de membres salariés. C'est la part que recommandait Louis Gallois en 2012 : un tiers. Ce n'est toujours pas le cas : la France est aujourd'hui le seul pays sans proportionnalité. »

Une note de la fondation Jean Jaurès détaille ces limites. D'abord, le seuil : chez nous, « cela concerne uniquement les entreprises privées comptant plus de mille salariés. Les autres pays ont des seuils allant de 25 (pour la Suède) à 500 salariés (pour l'Allemagne). » Ensuite, la « faible proportion des administrateurs salariés » : en France, la barre est fixée à deux. Alors que « treize pays ont une représentation des salariés a minima au tiers : Allemagne, Pays-Bas, Norvège, Danemark, Suède, Luxembourg, Irlande, Autriche, Slovénie, Slovaquie, Pologne, Hongrie, République tchèque. »

Avec quels effets ?

D'après l'économiste Patricia Crifo, le bilan est globalement positif. « Les recherches menées en Allemagne où, depuis longtemps, de 30 à 50 % des administrateurs sont des salariés, permettent de cadrer le débat. Premier constat : les actionnaires n'aiment pas trop partager leur pouvoir. Des études ont montré que, lorsque les salariés ont plus de 30 % des sièges, les investisseurs perçoivent défavorablement cette présence, ce qui induit très concrètement une diminution de la valeur et de la rentabilité boursière des firmes. Pourtant, plusieurs recherches convergentes montrent que, contrairement aux craintes des investisseurs, la présence significative de salariés dans les conseils d'administration a en moyenne des effets positifs, en particulier sur la productivité du travail et le nombre de brevets déposés. » À certaines conditions : « Un dialogue de qualité entre la direction et les partenaires sociaux, une information économique partagée, l'intéressement financier du personnel aux résultats. Il s'agit aussi de réussir à ouvrir le dialogue au-delà des frontières mêmes de l'entreprise, avec les partenaires locaux, les consommateurs, les fournisseurs… Nos recherches ont montré que l'implication des salariés pouvait devenir un véritable levier de performance lorsque les entreprises parvenaient à prendre en compte les demandes contradictoires qui émanaient de ces différents groupes et à trouver des compromis » (*Le Monde*, 14 janvier 2020).

Les sociétés coopératives démontrent les bienfaits de « la participation des salariés ». Comme l'attestent les recherchent menées en France ou aux États-Unis, leur « taux de survie » y est plus élevé que les entreprises conventionnelles, elles résistent mieux aux variations de la conjoncture, repartent plus vite à la sortie d'une crise, les travailleurs y sont plus motivés, avec un *turn-over* deux fois plus faible, la promotion interne y est plus aisée, les femmes les dirigent davantage, les salaires y sont plus égalitaires, les richesses mieux réparties, l'ancrage local y est renforcé...

C'est le chemin à tracer : des conseils d'administration non plus à la main des actionnaires, au service d'un intérêt très particulier, le capital, mais où s'y ajouteraient, s'y mêleraient les voix des salariés, et également les associations environnementales, les consommateurs, les élus locaux, etc. Que de ces points de vue, de ce dialogue, on s'approche de l'intérêt général.

*

Voilà pour le haut.

Mais sans négliger la participation par le bas, par la base.

Le psychologue du travail Yves Clot admoneste ainsi la gauche : nous ne pensons la transformation de l'entreprise que par le sommet, par les conseils d'administration. Or, « les gens ont besoin de liberté... que leur parole sur leur propre travail cesse d'être inutile… qu'il y ait une reprise en main dans son quotidien… » Et d'interroger, à juste titre : « Comment peut-on espérer, en cas de prise du pouvoir, un vrai changement, s'il y a, dans la société, un vide d'initiatives ? » C'est à l'atelier, au bureau, que le travail, son organisation, doivent être discutés.

Auditionnée à l'Assemblée, la CFDT s'y dit « très favorable » : « Pour le bien-être, c'est un des premiers leviers de la prévention. » Côté CGT, « étrangement, il n'existe aucun outil pour parler de travail. On a des outils pour parler salaires, égalité professionnelle, mais des outils pour parler travail, on n'a pas ça dans les entreprises. »

Les anciens numéros 1 de ces syndicats approuvent. « La crise du travail est d'abord celle de la pensée du travail, remarque Laurent Berger. Pour penser le travail, il faut écouter, mais trop peu d'acteurs publics, du monde médiatique, politique et parfois syndical, écoutent les réalités du travail. Et pour écouter, il faut créer des espaces où la parole est permise, libérée. » Quant à Philippe Martinez : « Il faut se battre contre la verticalité des discussions, que les gens puissent se parler. Leur rendre la parole, c'est déjà leur rendre du pouvoir. C'est ça qu'il faut, oui. Un endroit où on leur laisse du temps, pour causer de plein de choses. Il y a besoin de respiration. Ce sont les conseils d'ateliers, repris des lois Auroux, ce genre de trucs. Il s'agit de revisiter, revivifier la démocratie. »

Que les syndicats s'en mêlent, voilà une bonne nouvelle.

La direction générale du travail, en audition, l'a bien noté : « Ce sujet est remonté assez fortement aux assises du travail : il y a la demande d'une parole plus directe des salariés. Ça nous paraît être une bonne proposition. »

En effet, le compte-rendu des assises du travail relève, solennel : « Un véritable pacte de confiance doit s'établir au sein des organisations, reposant sur l'écoute et la reconnaissance des travailleurs, ainsi que sur un dialogue professionnel. »

Et dans le rapport Thiéry-Sénart, issu de ces mêmes assises, en avril 2023, « Comment re-considérer le travail ? », les deux auteurs en appellent à une « révolution des pratiques managériales », afin de « passer enfin de l'injonction à l'implication, de la communication à l'action », de « retrouver les voies de la confiance et du respect », de « renforcer l'écoute, le dialogue et la prévention des risques », d'« accorder plus de responsabilité, d'autonomie et de reconnaissance aux salariés. » Et leurs recommandations vont toutes dans ce sens, vers plus de démocratie dans l'entreprise : « 1. Instaurer un rendez-vous annuel des acteurs du travail. 2. Revoir les formations délivrées aux managers. 3. Renouveler la démocratie au travail en généralisant le dialogue professionnel. 4. Organiser le dialogue social en proximité des situations de travail. » Eux prévoyaient d'ailleurs l'ajout d'un « 10e principe de prévention : art. L. 41-21-2 du Code du Travail : l'écoute des travailleurs », qui deviendrait en fait le principe premier…

Mais c'est resté sans effet.

Interrogé en audition, l'inspecteur de l'Igas Jean-Baptiste Barfety a confié : « On attend toujours que le ministre du Travail se saisisse des propositions de ces deux personnalités. » Ce que Jérôme Vivenza, de la CGT, énonce avec moins de délicatesse : « Ça faisait l'unanimité aux assises de travail. Ils sortent ça, mais Olivier Dussopt ne retient pas. Le droit d'écoute, le patronat était d'accord. Olivier Dussopt a dit "Non, ça ne deviendra pas un droit." Il y avait pourtant un consensus : qu'on mette de la démocratie au travail, qu'on les laisse s'exprimer, qu'on les écoute, et ça ira mieux pour les entreprises et pour les salariés. »

Et si on écoutait les experts du travail ? Ceux qui le font. Ainsi Alain Alphon-Layre, militant CGT, a-t-il intitulé son livre d'entretiens : il a interrogé treize travailleurs, professeur, infirmière, agent d'entretien, livreur, magistrat, ingénieur… Avec deux questions : 1) Comment travaillez-vous aujourd'hui ? ; 2) Comment aimeriez-vous travailler ?. « Le premier désir qui ressort, c'est de ralentir. Les salariés manquent de temps, ils courent, le juge rend son délibéré en cinq minutes, il enchaîne avec le suivant.

La deuxième envie, c'est l'autonomie, 'y en a marre des objectifs, des évaluations, des *reporting*. La troisième conclusion, c'est le collectif, pouvoir échanger, discuter, décider ensemble. »

Lui le déplore : « C'est vrai qu'il y a eu, pendant longtemps, un partage des rôles. Le patron se charge du travail, des tâches, de leur organisation. Et le syndicaliste va chercher des compensations, en salaires, en horaires, mais sans modifier le contenu de ce travail. Ça doit changer, avec tous les salariés. La revendication que nous aimerions porter, c'est, chaque mois, une matinée pour que les travailleurs discutent entre eux de leur travail. Et l'après-midi, ils échangent avec leurs managers, leur direction. »

C'est une réforme assez proche que portent, également, Thomas Coutrot et Coralie Pérez. Eux ont montré, on l'a vu, que des salariés écoutés, consultés, dont l'avis influence le changement, se portent mieux, préservent leur sens du travail, et leur santé. Aussi, ils visent à institutionnaliser cette écoute, cette influence :

« Les lois Auroux de 1982 ont tenté de prendre ces questions à bras-le-corps. Elles ont accordé aux salarié·es un droit d'expression directe sur leur travail. Mais ce droit s'est étiolé, les groupes d'expression se transformant souvent en cercles de qualité sous l'égide de l'encadrement. Il faut s'y engager résolument : il est essentiel d'offrir la possibilité aux collectifs de travail, au plus près du terrain, d'élaborer leur point de vue et de formuler leurs aspirations concernant leur travail.

Beaucoup d'acteurs s'accordent sur la nécessité de développer un "dialogue professionnel" sur le travail. Pour des motifs d'ordre public, c'est la loi qui devrait instituer ce contre-pouvoir : il s'agirait d'accorder à tou·tes les salarié·es une demi-journée par mois, via une "réduction du temps de travail subordonné", pour se réunir en équipe et délibérer sur l'organisation, les impacts (y compris écologiques) et les finalités de leur travail.

Les animateurs de ces débats devront être légitimes aux yeux des salarié·es et autonomes par rapport au management. Encadrées par la hiérarchie, les réunions ne permettraient pas la libre parole, du fait du rapport de subordination : le droit d'expression des lois Auroux s'est rapidement étiolé en grande partie de ce fait. L'existence de représentant·es de proximité est une condition nécessaire pour faire émerger la parole individuelle et collective des salarié·es sur leur travail réel. Une autre condition est la formation de ces élu·es à cette démarche.

Il leur reviendrait d'animer les réunions de délibération des équipes, de formaliser les propositions qui en découlent et de les porter à l'employeur·euse, qui aurait le devoir de répondre formellement aux propositions issues de ces espaces délibératifs. Les salarié·es disposeraient ainsi d'un droit politique nouveau, celui d'élaborer et de proposer des transformations du travail pour lui redonner du sens. »

Seuls les salariés, leur parole devenant volonté, seule leur force pourront faire reculer le mal-travail. Voilà qui devrait constituer le cœur d'un urgent, nécessaire, « nouveau pacte de la vie au travail. »

Et enfin, mille recherches l'ont démontré : la démocratie dans l'entreprise rejaillit en démocratie dans la cité. « Les employés apprennent sur la démocratie à travers leur participation à la prise de décision sur le lieu de travail, ce qui entraîne des attitudes plus positives envers la démocratie dans l'arène politique » (Andrew Timming, Juliette Summers, *Sage Journals*).

Et voilà qui, pourtant, n'adviendra pas.

Pourquoi ?

Parce que ce serait, pour le capital et ses alliés à l'Élysée, à l'Assemblée, partager plus que les richesses : partager le pouvoir, le pouvoir dans les entreprises, leur chasse gardée.

Parce que ce serait ouvrir la porte à encore pire : que les Français, les citoyens, s'occupent de ce qui les regarde. Que veut-on produire ? Que ne veut-on plus produire ? Où veut-on le produire ? Comment veut-on le produire ?

Alors qu'à ces questions essentielles, et d'autant plus essentielles par temps de crise écologique, le capital répond seul. Et avec un seul souci : le profit.

CONCLUSION

La santé de la démocratie

« Les gens, les voisins, des amis même, parlaient de moi comme d'un feignant, d'un assisté. Je me sentais vraiment comme un déchet... »

Je prenais le café, aujourd'hui, à La Boîte d'à côté, à Bléré, pas loin de Tours, un « Territoire zéro chômeur ». Autour de la table, dans cette « ressourcerie », Nathalie, Nicolas, Jonathan, Sophie, des « cassés du travail », le dos souvent, les genoux, les hanches, le cerveau. Et le directeur, Thierry, qui lui aussi a connu une autre vie : « Je viens de l'industrie. Chez les équipementiers automobiles, c'est le rythme le rythme le rythme. Au-dessus des têtes, tu avais la production sur les écrans, en gros chiffres rouges. Qui t'indiquaient que tu n'allais pas assez vite, pas assez vite, et le manager engueulait, le patron parfois descendait. Dans les têtes, il fallait passer dans le vert. Les gens tenaient un paquet d'années, avec des cachets, et puis des troubles musculo-squelettiques partout, ça craquait. Dans l'agroalimentaire, dans les abattoirs, c'était encore plus terrible. À quarante ans, ils étaient broyés. Les directeurs RH se réunissaient, c'était délirant : leur idée, c'était de trouver une autre boîte, où ils enverraient leurs gars après eux, avec des postures qui useraient d'autres muscles ! N'importe quoi. Les ouvriers sortaient en incapacité, "inaptes", avec le chômage et le RSA derrière. En gros, ce sont eux que je retrouve ici. J'essayais de proposer d'autres méthodes, des formations, mais ça ne prenait pas : "'Y en avait trois qui attendent à la porte", on me répondait… J'espère que là, ça va changer. »

*

Que l'on récapitule :

Les Français aiment leur travail, y sont attachés, y forgent leur identité.

Mais à la fois sur les contraintes physiques, et psychiques, nous vivons moins bien au travail que nos voisins. Et à cause du temps, notamment, du temps compté, resserré, alourdi, nous vivons moins bien notre travail qu'il y a quarante ans. La mondialisation, mettant en concurrence les travailleurs sur la planète entière, exigeant une éternelle « compétitivité », a mis sous pression les salariés. Et cette pression pèse, en particulier sur les classes moyennes les moins aisées, les métiers populaires, ouvriers et employés. C'est vrai dans toutes les nations développées. Mais il y a, en plus, un mal-travail à la française, un mal au travail spécifique à notre pays.

Pourquoi ? Parce que pour l'économie française, dirigeants économiques et politiques confondus ont fait le choix du *low cost*: le travail comme un coût, et non comme un atout. Ces élites ont forgé un pacte, un pacte *contre* le travail. Il est passé par des délocalisations, de la sous-traitance, de la précarité, de l'intensification. Mais aussi par un « *lean* à la française », avec des objectifs, des indicateurs, des chiffres. Pas le temps, pas le temps, pas le temps. Le travail réel se heurte alors, au quotidien, à un travail abstrait, pensé depuis des tableaux Excel. Les « planneurs » ont remplacé, suppléé le manager de proximité. Et ils ont fait perdre le sens du travail.

Tout cela conduit à un coût énorme, en absentéisme, en arrêts maladie, en chômage, en pénurie de professionnels. Un coût humain, aussi : des centaines de milliers de travailleurs brisés, « inaptes », mais surtout des millions qui ont mal à leur travail. Une jeunesse qui entre dans le travail par le plus mauvais bout, par les bouts de boulot, à jouer les bouche-trous et éprouver du dégoût.

C'est un gigantesque gâchis.

C'est démontré : la « participation des travailleurs », leur écoute, leur influence sur leur propre travail, seraient bonnes pour leur santé. Ce serait bon, même, pour la santé des entreprises. Ce serait bon, également, pour la planète. Mais ce serait bon, surtout, pour la santé de notre démocratie.

*

C'est cette raison, notre démocratie, la préserver, qui a motivé le projet collectif « Que sait-on du travail ? », rassemblant sur Internet, puis en une « bible », 37 contributions, de soixante chercheurs.

« Nous avons montré, écrit Bruno Palier, dans son introduction, que l'absence de reconnaissance des problèmes rencontrés au travail (mauvaises conditions de travail, management vertical qui impose les décisions sans tenir compte de la situation ni de l'avis des personnes concernées) génère un ressentiment social qui débouche souvent sur un ressentiment politique et peut se traduire par un vote pour les partis populistes de droite radicale. »

Et en audition, lui ajoutait : « Le ressentiment privé, dans l'entreprise, lorsqu'on s'y trouve maltraité, méprisé, rejaillit en ressentiment public, où l'on subit des dirigeants le même mépris. C'est manifestement un ressort, sinon un moteur, du vote RN. »

Son collègue Paulus Wagner l'avait longuement exploré en Autriche : « Les mauvaises relations sur le lieu de travail et la faible satisfaction au travail sont l'une des principales sources de ressentiment sur lesquelles les partis populistes de droite radicale s'appuient, en particulier parmi les travailleurs et les *lower middle classes.* » (*La grande Conversation,* 15 mars 2023).

En France, dans *La Vraie Victoire du RN,* Luc Rouban l'avait déjà éclairé : « la question du travail est centrale dans le vote Rassemblement national. » Un travail dégradé, déclassé : « Le lien entre l'absence de reconnaissance professionnelle et le vote RN se manifeste statistiquement dans notre enquête. En moyenne, 51 % des enquêtés disent que leur travail n'est pas ou n'a pas été reconnu et récompensé. On en trouve la proportion la plus importante dans l'électorat de Marine Le Pen (60 %). »

Alain Supiot, juriste du travail l'avait déjà noté : « La perte de citoyenneté dans l'entreprise conduit à une perte de citoyenneté dans la cité. »

*

Qui est le plus frappé par le mal-travail ? Qui est le plus « mis sous pression » ?

Ceux que l'économiste Pierre Courtioux appelle « les classes moyennes moins aisées » : « Elles sont plus souvent en contrat à durée déterminée (CDD) ou en intérim. Elles sont également plus souvent à temps partiel involontaire. Elles se rapprochent des ménages pauvres. Cette situation vis-à-vis de l'emploi est très différente pour les classes moyennes plus aisées, pour lesquelles les proportions de CDD, d'intérim ou encore de temps partiel (*a fortiori* involontaire) sont nettement moins fréquentes que dans l'ensemble de la population.» Et d'analyser: «Jusqu'à récemment, la France faisait partie d'un groupe de pays dans lequel les classes moyennes représentaient une part importante de la population et s'étaient révélées relativement résilientes. Toutefois, les travaux scientifiques montrent que ce maintien d'une classe moyenne relativement large s'est accompagné d'une pression sur les moins aisés au sein de ce groupe, concernant l'accès à l'emploi ou les formes d'emplois occupés. En outre, la montée de l'inflation et les incertitudes à plus long terme sur les prix de l'énergie accentuent déjà fortement la pression au travers des dépenses contraintes (logement, chauffage, etc.) dont la part dans le budget des ménages est importante et tend à augmenter dans la période récente. Après avoir touché les ménages les plus pauvres, la pression des dépenses contraintes touche désormais fortement le segment des classes moyennes le moins aisé.»

D'où ses conseils: «Dans ce cadre, il nous semble important que les futures réformes du marché du travail conduisent à limiter la diffusion de diverses formes flexibles d'emploi (CDD, etc.), mais également du temps partiel, et notamment du temps partiel contraint. Dans un monde où la permanence des crises (pandémie de Covid-19, crise climatique, guerre en Ukraine, etc.) semble s'imposer comme une nouvelle donnée, ces résultats interrogent sur la poursuite de réformes de libéralisation du marché du travail en France, alors qu'il serait nécessaire de "réduire la pression" qui pèse sur les classes moyennes. »

*

En fragilisant les « classes moyennes les moins aisées », c'est la démocratie, c'est la République qu'on fragilise.

À partir des années 1980, avec la mondialisation à tout-va et l'industrie qui s'en va, la gauche a scié la branche populaire qui lui donnait une assise. Elle s'est coupée des ouvriers qui, en 1981, votaient aux trois quarts pour le candidat socialiste François Mitterrand. Avec un mélange d'inconscience et de conscience, elle a sapé, économiquement, socialement, et donc politiquement, sa propre base électorale. Elle a détruit son socle. Jusqu'au terminus : la note de *Terra Nova* en 2011, reprise par François Hollande en un « Perdre les ouvriers, ce n'est pas grave. »

Le bloc « central-libéral » opère aujourd'hui, dirait-on, le même suicide au ralenti. Auparavant, et pendant longtemps, assez puissant, il avait le loisir de se diviser entre centre-gauche et centre-droit, proposant une alternance sans alternative. Mais depuis le référendum de 2005, on le sait : son projet est minoritaire, et largement. Les mots clés de son discours, « concurrence, croissance, mondialisation, compétitivité » ne suscitent plus d'enthousiasme, plus d'envie, plutôt de l'angoisse, de la colère. Le mouvement Nuit debout, avec pour slogan « Non à la loi travail et à son monde », a marqué un décrochage jusque chez les diplômés et surdiplômés du centre-ville. Érodé, devenu trop étroit, ce bloc central-libéral n'a plus le luxe de se fracturer : il a donc fallu, en 2017, qu'il se réunisse derrière un candidat unique, un candidat chauve-souris, « regardez mes ailes, je suis de gauche, regardez mes pattes, je suis de droite ! » Après l'élection d'Emmanuel Macron, avec les Gilets jaunes, la crise du Covid, la guerre en Ukraine, le choc des factures, la crise de l'inflation, ce bloc a encore perdu des voix et des circonscriptions. Dans un département comme le mien, la « majorité présidentielle » ne conserve plus qu'un siège sur cinq – un seul ! –, et dans le centre d'un Amiens qui va plutôt bien, larguée dans les campagnes populaires, dans les quartiers populaires.

Ce décrochage, les retraites l'ont aggravé davantage. Quand, à Abbeville, contre « les 64 ans », des artisans manifestent, entravent un rond-point toute une journée, paient leurs ouvriers pour faire grève et l'occuper, quand presque tous les commerçants baissent leur rideau dans les rues de la sous-préfecture, voilà qui devrait servir d'alerte : à leur tour, des petits patrons quittent le bloc central-libéral.

Déjà, les dégâts se voient. Lors de son premier mandat, Emmanuel Macron affirmait : « Je ferai tout pour que, dans les cinq prochaines années, ils n'aient plus aucune raison de voter pour les extrêmes ». Depuis, Marine Le Pen a gagné trois millions de bulletins. Bravo pour le résultat !

Le chef de l'État pourrait, dès lors, devrait « réduire la pression ». Calmer le jeu. Faire preuve de sagesse, de modération. Cesser de mettre le pays sous tension. Protéger, rassurer, stabiliser la France qui travaille.

Mais non, bien sûr.

À jets continus de réformes, il s'agit de toujours plus « fluidifier le marché du travail », de le « libéraliser », de le « flexibiliser ». Pourquoi ? Par fanatisme. Par attachement à un dogme. Par habitude de promouvoir le mal-travail.

*

C'est à la gauche, dès lors, évidemment, naturellement, c'est à la gauche de devenir « le parti du travail », à nouveau. C'est à la gauche de porter haut et fort un « travailler mieux ». C'est à la gauche de reprendre son flambeau.

C'est que, sur l'essentiel, dans les esprits, Hayek et Friedman, Thatcher et Reagan ont gagné : tout est devenu « marché », le travail lui aussi sur un « marché », libéré, dérégulé, où règnerait la loi de l'offre et de la demande. Ils l'ont emporté. Sauf que, c'est la nouveauté : aujourd'hui, le marché ne marche plus. Le marché du médicament produit surtout des pénuries. Le marché de l'électricité bondit et rebondit, fait crouler les bouchers, les boulangers, les collectivités, les usagers. Le marché du travail aboutit, lui, à des rentrées avec des manques de tout, d'enseignants dans les écoles, d'autocaristes sur les routes, de puéricultrices dans les crèches, d'infirmières dans les hôpitaux, de soudeurs dans les centrales, etc. A ces anomalies, comme les médecins de Molière, Emmanuel Macron et compagnie répondent : « Si le marché ne marche pas, c'est qu'il faut plus de marché ! » Avec, à la clé, pour stimuler ce marché, des subventions à Sanofi. Avec des chèques, et pour des dizaines de milliards, de « boucliers tarifaires ». Avec des appels aux stagiaires, aux retraités, aux soudeurs Canadiens, pour boucher les trous. C'est là, pour moi, le véritable combat pour la gauche : réguler ce marché, l'encadrer, le diriger, en sortir des pans entiers, ne plus en faire le seigneur et maître de nos sociétés. Et pour le travail en particulier.

Cette évidence, le président avait lui-même entrevue durant la parenthèse du confinement : « Ce que révèle cette pandémie, c'est qu'il est des biens et des services qui doivent être placés en dehors des lois du marché », « Déléguer notre alimentation, notre protection, notre capacité à soigner, notre cadre de vie au fond à d'autres est une folie. Nous devons en reprendre le contrôle », « Il faudra nous rappeler que notre pays, aujourd'hui, tient tout entier sur des femmes et des hommes que nos économies reconnaissent et rémunèrent si mal », « les distinctions sociales ne peuvent être fondées que sur l'utilité commune ». La parenthèse est refermée. Tout est oublié, tout peut s'oublier.

Ce flambeau du travail, pourquoi la gauche l'a-t-elle lâché, également ?

C'est que, comme le regrette Yves Clot, ne voyant le travail que comme « une contrainte, une malédiction », nous renonçons à lutter pour le travail, à donner du contenu au travail, à y installer de la liberté, de l'émancipation, de la réalisation de soi. Nous bataillons alors pour des compensations, en horaires, en salaires.

Nous devons batailler, à nouveau, sur le contenu du travail. Un travail qui respire, qui laisse respirer les esprits et les corps, avec un temps retrouvé, plutôt que de courir, courir, courir sans cesse, comme le lapin d'Alice au pays des merveilles, « pas le temps… pas le temps… pas le temps… » Un travail où l'on se réalise en réalisant, avec la certitude de son utilité. « Les sociétés humaines ne sont pas des troupeaux, remarque Alain Supiot. Elles ont besoin pour se former et subsister d'un horizon commun. Un horizon, c'est-à-dire à la fois une limite et la marque d'un au-delà, d'un devoir-être qui arrache leurs membres au solipsisme et à l'auto-référence à leur être. »

C'est par le travail, par le travail commun, que nous faisons société. Chaque geste, chaque plaisir, à chaque instant, repose sur le travail des autres, sur la masse colossale du travail des autres : un verre d'eau, rien qu'un verre d'eau que je bois, combien de travail pour extraire la matière, pour la fondre dans les fours, plus l'eau qu'il a fallu pomper, filtrer, dans des canalisations (qui fuient, à réparer) pour arriver jusqu'à nos robinets…

C'est à la gauche de chanter cela, ce « faire-ensemble ». Oui, les Français, les habitants de ce pays, doivent vivre de leur travail. De leur travail présent, c'est le salaire. De leur travail passé, c'est la retraite. De leur travail futur, ce sont les études, les formations. De leur travail avec un droit au repos, le dimanche sacré, le samedi chômé, les jours fériés, les congés payés, la retraite en bonne santé, méritée, des temps communs. De leur travail selon leurs moyens, pas forcément à temps plein, pas seulement sur un « marché du travail » qui trie, qui éreinte, qui rejette, qui fragilise les fragiles, mais aussi par des emplois aidés, par des territoires zéro chômeur, par un accompagnement qui, dans le grand changement qu'il nous faut, ne néglige aucun talent : bricoler, cuisiner, jardiner, creuser, s'occuper de nos enfants ou de nos aînés.

Il se trouve que, par hasard, je suis en train de lire les *Mémoires* de Jean Monnet. Dans l'immédiate après-guerre, fin 1945, alors qu'il fonde le Plan, il prévient le général de Gaulle: «Je ne sais pas encore exactement ce qu'il faut faire, mais je suis sûr d'une chose, c'est qu'on ne pourra pas transformer l'économie française sans que le peuple français participe à cette transformation.» Et plus loin: «Toute la nation doit être associée à cet effort.»

Ma conviction, c'est que la bataille écologique, la sauvegarde de notre planète, le défi du réchauffement, réclament le même effort. Cette transformation de notre agriculture, de notre industrie, de nos logements, de nos déplacements, exige du travail, une masse de travail, haies à planter, passoires thermiques à isoler, ateliers de réparations d'électronique, de mécanique. Chacun doit y prendre sa part: du haut avec ses capitaux, du bas avec son intelligence, sa main d'œuvre, ses savoir-faire, le peuple français tout entier doit y participer. «Faire-ensemble.» Mais au contraire, ça décroche chez les nouveaux diplômés, des «grandes écoles», de Polytechnique, AgroSup ou Sciences Po, qui, par paquets, ne se vendront plus à Total ou à BNP, qui partent à la quête d'un sens à leur boulot, notamment écolo. Mais ça décroche aussi, en dessous, à cause des vocations "empêchées", des ordres absurdes, du profit comme seule finalité. Toutes, tous, pourtant, sont disponibles, j'en suis convaincu, prêts à se retrousser les manches, à s'agiter les neurones, si l'État leur disait : voilà le chemin, voilà les moyens, la Planète et la Patrie ont besoin de vous.

« Faire-ensemble. » De quoi chasser le sentiment d'injustice qui, aujourd'hui, sinon pourrit, du moins assombrit le cœur des travailleurs. De quoi unifier. Unifier le bloc populaire. Unifier le milieu et le bas, et même le haut, pour celles et ceux que la vie a servis et qui veulent servir en retour, servir un idéal de justice pour tous, nation sans exclusion. Unifier la France des bourgs et celle des tours. Unifier, contre toutes les forces centrifuges, de division, d'éclatement. « Faire-ensemble », faire tous ensemble.

*

« Dans les années 1970, ça n'allait pas avec un contremaître au boulot ? Le gars ou la fille se syndiquait, ils s'organisaient avec les collègues, ils pétitionnaient ensemble auprès de la direction. Maintenant, ils viennent ici. » On est à l'hôpital Philippe Pinel, et ce psychiatre au bord de la retraite accueille dans son cabinet des « malades du travail, des personnes que leur travail rend malades ». « On fait quoi, nous ? On essaie de parler, de faire parler. On délivre des psychotropes. On colmate, on éponge le mal-être individuel. Mais on ne résout en rien les causes. »

« Syndiquez-vous ! »

Syndiquez-vous : tel serait mon premier conseil aux salariés, partout. Syndiquez-vous, vous avez le choix, de toutes les couleurs, du rouge, du orange, du chrétien, CGT, CFDT, FO, CFTC, Unsa, FSU, même du plus à gauche avec Sud, même du anarchiste avec la CNT. Syndiquez-vous, même si, oui, c'est vrai, les syndicats sont un vieil outil, un peu rouillé, avec de la léthargie, de la bureaucratie, des guéguerres internes, de la tambouille pas claire, on ne va pas nier. Mais pour se défendre, ils demeurent un bouclier, un bouclier fragile, certes, un bouclier à renforcer. Et contre le mal-travail, ils doivent devenir un glaive.

Ils étaient 300, le printemps dernier, dans mon coin à Friville-Escarbotin, ce n'est pas rien. Mais ailleurs, 500 à Oyonnax (Ain), autant à Issoire (Puy-de-Dôme), 600 à Pontarlier (Doubs), 1 500 à Marmande (Lot-et-Garonne), 5 000 à Vierzon (Cher), 14 000 à Rodez (Aveyron)... Une « révolte des sous-préfectures », comme l'écrira *Le Monde*. Une « révolte » qui, néanmoins, n'a rien de spontané, au contraire : quand la résignation domine, il a fallu arracher les âmes à ce bourbier. Cette révolte, ce sont les syndicats, unis, qui l'ont voulue, organisée, orchestrée. Ils y sont parvenus, avec des limites, grâce à leur ancrage dans les terres populaires, grâce à leur maillage dans les régions, avec bien des trous, avec des pans entiers délaissés, éloignés. Mais qui, quel parti, peut se flatter, comme eux, d'avoir un pignon dans les chefs-lieux de canton ?

Ils ont semé. Ils ont semé des graines d'espoir, avec une, deux, trois, quatre, cinq manifestations à un, deux, trois millions. C'est à eux de récolter les premiers. C'est à eux, d'abord, s'ils le souhaitent, de porter des campagnes pour « la vie au travail et le travail dans la vie », pour la participation des salariés, pour des conseils d'atelier, pour des sièges au conseil d'administration. C'est à eux, s'ils le veulent toujours, de l'incarner, avec leurs syndiqués, avec des journées « cahiers de doléances », pourquoi pas, devant les entreprises, les bureaux, les négos sur les salaires, mais aussi les « j'en ai plein le dos ».

Ils ont remporté, pas tout seuls, mais eux en première ligne, ils ont remporté la bataille de l'opinion : cette retraite à 64 ans, trois Français sur quatre étaient contre, sont restés contre tout au long du conflit. Idem pour quatre salariés sur cinq. Et même, sans doute, à l'arrivée, une majorité à l'Assemblée. Et pourtant, eux se sont heurtés au pouvoir politique, au mépris du président, à sa majesté solitaire, à l'arme fatale du 49.3. Il leur faut donc, comme à toute lutte sociale d'ampleur, il leur faut donc un débouché politique : Mai 1981, c'est la traduction tardive de mai 68. La victoire de « la gauche plurielle » en 1997, c'est dans la foulée du décembre 95 des cheminots. Et même François Hollande en 2012 s'inscrit dans la lignée du combat contre les « retraites Sarkozy » en 2010. « Nous n'avons pas gagné dans la rue, nous gagnerons dans les urnes ! » Ce débouché, c'est à la gauche, aux partis, de l'offrir. Mais les syndicats doivent y prendre leur part, à leur place, ils ne sauraient y demeurer étrangers, au nom du mélange des genres, au nom des déceptions d'hier, au nom de la charte d'Amiens, que je connais bien. Pour rouvrir l'espoir, une brèche au moins, entre l'extrême droite et l'extrême-argent, pour vaincre la sinistre pente, les syndicalistes ont un rôle à jouer, des leaders confédéraux à Paris jusqu'aux délégués de proximité.

*

Ces délégués la connaissent, la petite musique, le terrible refrain. Eux l'entendent, qui revient dans la bouche des copains: « Celle-là, on ne l'a pas essayée! »

Il n'y a pas de fatalité, non. Mais c'est une vérité qu'il nous faut affronter: Marine Le Pen s'installe tranquillement dans la République. Tous les sondages le disent: son parti gagne des points, elle-même paraît moins « inquiétante ». Dans l'hémicycle, ses députés le répètent à l'envi: « Quand nous gouvernerons en 2027... » et insidieuse, la petite musique finit par rentrer. À la télévision, du matin au soir, une chaîne lui déroule le tapis rouge, clive le pays sur les origines, la confession, construit des plus ou moins français. Quant au président, élu pour « faire barrage », il lui sert au contraire de marchepied.

Voilà la pente.

Et du coup, les esprits glissent.

Les esprits ne glissent pas que dans la France d'en bas, dans la grande confusion : « Moi, je vote social, je vote Marine ». Les esprits glissent aussi dans la France diplômée, des installés : on se fait à l'idée. On ponctue par des « de toute façon », des « c'est comme ça », des « c'est son tour ». On s'abandonne, par mollesse, par lâcheté.

Non, il n'y a pas de fatalité.

Dans *Histoire d'un Allemand*, Sebastian Haffner, jeune étudiant à Berlin dans les années trente, décrit la montée du national-socialisme : « À l'instant du défi, quand des peuples se lèvent spontanément comme un seul homme, les Allemands, comme un seul homme, se sont effondrés. Ils ont molli, cédé, capitulé. » Si les nazis ont triomphé, nous dit-il, c'est moins par leur volonté que par la passivité des autres : « Ils ont sombré par millions dans la dépression. » C'est cette dépression, en nous, dans le pays, ce laisser-aller, qui est notre pire adversaire. La résignation, l'abattement qu'il nous faut vaincre.

Il n'y a pas de fatalité.

L'histoire demeure ce que les hommes et les femmes en font. La crise de 1929 a certes abouti sur le nazisme en Allemagne, mais aux États-Unis elle a mené au New Deal, au Front populaire en France. Chez nous, la seule fois où l'extrême droite est arrivée au pouvoir, c'est par la défaite, par l'humiliation de 1940, par la collaboration. Jamais par les urnes. Et ce ne fut pas pour écrire une page de gloire dans nos mémoires.

Il n'y a pas de fatalité, non.

D'autant moins de fatalité que, sur le travail, le mal-travail, le Rassemblement national est ignorant, incompétent. Quoi, dans leur programme « M la France », sur l'intérim en série, ce passage obligé pour la jeunesse populaire ? Rien. Et les stages à répétition ? Rien. Et les contrats précaires ? Rien. Et les temps partiels contraints ? Rien de rien. Et la nouveauté macroniste, les auto-entrepreneurs ? Rien. Quoi sur le travail, en général ? Presque rien : juste « les étrangers venus pour travailler [qui] devront rentrer chez eux après un an de chômage », « la main-d'œuvre corvéable à merci, concurrence déloyale importée pour les travailleurs français ». Rien non plus, à l'autre bout, sur les « dividendes », les « bénéfices », les « profits ». Rien sur les « inégalités », et pas le mot « égalité ». Il n'y a pas de riches : ils ne sont pas nommés. Il n'y a pas de pauvres non plus : seulement des Français et des étrangers. Voilà leur vision et leur division du monde. Une nullité, et il n'est pas vrai que nos concitoyens s'y soient conformés. Il n'y a pas de fatalité.

Mais il s'agit d'ouvrir une issue au pays.

« Syndiquez-vous ! Syndiquez-vous ! », je dirais encore, pour une dernière raison, et pas la moindre : « l'émancipation des travailleurs sera l'œuvre des travailleurs eux-mêmes ».

Je ne crois pas au bonheur qui tomberait du ciel, tout cuit d'en haut. Même avec un bon gars, ou une bonne fille, à l'Élysée, vraiment de gauche, vraiment écolo, même avec des bonnes camarades, des bons militants dans les ministères, même avec des humanistes sincères comme parlementaires, rien ne changera, ou si peu. Rien ne changera, si ça ne bouge pas d'abord en bas. Rien ne changera, sinon des mesurettes, face aux puissances d'argent, à leurs médias, au Medef, au Sénat, à la Commission européenne, à la Banque centrale, à ses mille forteresses qui viendront répéter « je crois que ça va pas être possible. » Rien ne changera si, en face, ne se lève pas une puissance encore plus immense, populaire, calme, sereine, sûre d'elle-même, confiante et consciente de sa force : pas de quarante heures, en 1936, pas de congés payés, sans les grèves, sans les occupations d'usines, sans un monde ouvrier en mouvement, soudain traversé d'une fulgurance, d'une espérance.

« On n'a pas eu la force d'attendre, s'enthousiasmait la philosophe Simone Weil, alors établie chez Renault. Tous ceux qui ont souffert savent que lorsqu'on croit qu'on va être délivré d'une souffrance trop longue et trop dure, les derniers jours d'attente sont intolérables. Il s'agit, après avoir toujours plié, tout subi, tout encaissé en silence pendant des mois et des années, d'oser enfin se redresser. Se tenir debout. Prendre la parole à son tour. Se sentir des hommes, pendant quelques jours. Indépendamment des revendications, cette grève est en elle-même une joie. Une joie pure. Une joie sans mélange. Bien sûr, cette vie si dure recommencera dans quelques jours. Mais on n'y pense pas, on est comme les soldats en permission pendant la guerre. Et puis, quoi qu'il puisse arriver par la suite, on aura toujours eu ça. Enfin, pour la première fois, et pour toujours, il flottera autour de ces lourdes machines d'autres souvenirs que le silence, la contrainte, la soumission. Des souvenirs qui mettront un peu de fierté au cœur, qui laisseront un peu de chaleur humaine sur tout ce métal. Mais le meilleur de tout, c'est de se sentir tellement des frères… »

C'est cette fierté, qu'il faut aller chercher.

Que le dos se redresse, les épaules plus hautes, le regard droit, la voix plus forte.

Et qu'éclate une joie.

« Rien de grand dans notre histoire ne s'est fait sans joie, prophétise l'historien Henri Lefebvre, rien de grand ne s'est fait sans désir. On fait la révolution, d'abord parce que c'est une fête ».

Que par la grande porte de l'Histoire, l'on sorte des jours peureux.

*

« La Révolution a fait du Français un roi dans la cité et l'a laissé serf dans l'entreprise. » énonçait Jean Jaurès.

Voilà l'horizon : n'être roi ni serf nulle part, mais citoyen. Citoyen dans la cité, citoyen dans l'entreprise.

De la démocratie dans le travail pour sauver la démocratie.

Amiens, janvier 2024.

Table

DEUXIÈME PARTIE
LES COÛTS CACHÉS DU MAL-TRAVAIL

TROISIÈME PARTIE
SORTIR DU MAL-TRAVAIL

Composition : In Folio

Achevé d'imprimé en janvier 2024
par l'imprimerie
Normandie Roto Impression s.a.s
à Lonrai
Dépôt légal : février 2024
N° impr : 2304658
Imprimé en France